Brigitte Harries

Ein Welpe kommt ins Haus

Kosmos

Neugierig erkunden die Golden-Retriever-Welpen ihre Umwelt.

Kontakte mit Artgenossen sind für die Welpenentwicklung unverzichtbar.

Inhalt

Kleiner Hund ganz groß – achtwöchiger Chihuahua-Welpe.

Menschenkind und Hundekinder lernen, miteinander umzugehen. Ohne lenkende Mithilfe der Erwachsenen geht es nicht.

Vorüberlegungen und Vorbereitungen

Damit es ein gutes Hund-Mensch-Team wird

Hilfen zur Selbsterkenntnis und Wissen über Hundetypisches, damit Sie durch den Welpen nicht „auf den Hund kommen“ und damit der Welpe durch Sie nicht „vor die Hunde geht“. Sind Sie ein geeigneter Partner für einen Hund?

Wichtiges Zwiegespräch mit Mami. Auch wenn es an ihrer Milchbar nichts mehr zu holen gibt, bleibt sie ein wichtiger Partner. Sie ist für die Erziehung, Spiel, Schutz und Schmuseeinheiten zuständig.

Wonnige Bärchen beim Unterwerfungsspiel. Als Erwachsene bringen Berner Sennenhunde über 40 kg auf die Waage und wachsen so manchem Spontankäufer über den Kopf.

Wer keine Hände hat, ergreift und „begreift" die Umwelt mit den Zähnen. So großwüchsige Welpen brauchen spezielle Welpennahrung, weil sie zu Gelenkproblemen neigen.

DIE MOTIVATION

Für unseren heutigen Hund ist der Mensch der wichtigste Sozialpartner. Für seinen Menschen läßt ein Hund letztlich jeden noch so duften Hund stehen. Wir sind deshalb in der Verantwortung, und wir sollten uns nur dann einen Hund zulegen, wenn wir bereit sind, ihn als Familienmitglied (Rudelmitglied) anzusehen, das möglichst viel Zeit mit uns gemeinsam verbringen darf: Nichts braucht ein Hund dringender als das Zusammensein mit seinen Menschen.

Hobbys mit dem Hund sind eine gute Sache (Agility, Breitensport, Fährtenarbeit usw.), aber es wäre krasser Egoismus, einen Hund nur dafür anzuschaffen und ihn nach den Trainingsstunden wie einen Tennisschläger irgendwo zu verwahren. Beinahe zwangsläufig wird dann das „Sportgerät Hund", wenn es alt oder sonstwie unbrauchbar geworden ist, ausgetauscht oder einfach nicht mehr beachtet.

Welpen brauchen eine Erlebniswelt, dazu gehört auch das freie Spiel mit Artgenossen. Naß, dreckig und zufrieden geht so ein Welpe nach Hause.

Mißbrauchen Sie das Lebewesen Hund, das sich in uns einfühlen kann wie wahrscheinlich kein anderes, nicht auf so unmenschliche Weise!
Nur wenn Sie sich zutrauen, ihrem Hund für sein ganzes Leben ein verläßlicher Partner zu sein, sind Sie ein tauglicher Rudelchef für ihn.
Wenn Sie den „Hund auf Probe" planen, lassen Sie bitte lieber die Finger davon! Genausowenig, wie man sich ein Kind auf Probe anschaffen kann, um mal auszuprobieren, wie es einem gefällt, genausowenig sollte man es mit einem Hund tun.
Der Anfang vielen Hundeelends ist der Hund, der „den Kindern zuliebe" angeschafft wird. Viele Kinder fühlen sich stark zu Hunden hingezogen, aber kein verantwortungsbewußter Erwachsener sollte seinen Kindern das Versprechen abverlangen, verantwortlich für den Hund zu sorgen, es wäre sträflich. Ein Kind kann diese Verantwortung gar nicht übernehmen und gerät langfristig zwangsläufig in bedrückende Schuld- und Versagergefühle.
Eltern setzen ihre Kinder damit nur allzuoft unter Druck. Die Folge sind abgeschobene Hunde und traurige Kinder.
Nur wenn Sie als Eltern die Verantwortung für das Wohl Ihres Hundes von Anfang an bereitwillig und gern übernehmen, hat er die Chance auf ein gutes Hundeleben bei Ihnen, und nur dann wird er Ihren Kindern ein geliebtes, wichtiges Familienmitglied werden.
Die vielen tausend ausgesetzten und in Tierheime abgeschobenen Hunde sprechen eine deutliche Sprache: Wir Menschen sind der Unsicherheitsfaktor in der Beziehung Mensch-Hund. Der Hund hält vorbehaltlos zu uns. Dabei ist ihm egal, ob wir reich oder arm, hübsch oder häßlich, alt oder jung sind. Ein Hund würde seinen Menschen nie aussetzen ...

ÄUSSERE VORAUSSETZUNGEN

Ein Häuschen mit Garten, dieser im natürlichen Ökolook und durch lustvolle Hundeaktivitäten nicht allzu schnell zu ruinieren, dazu Großeltern alten Schlages in der Einliegerwohnung, die wenig umherreisen und den Hund im Bedarfsfall gern hüten, nebenan Nachbarn, die sich durch Hundegebell so wenig stören lassen wie durch Froschquaken; dazu gleich um die Ecke ein ausgedehntes Hundefreilaufgebiet und kilometerlange Wanderwege ... Wer hat das schon?

Wenn Sie in einem Mehrfamilienhaus wohnen, klären Sie auf alle Fälle **vor** der Anschaffung des neuen Familienmitgliedes, wie Vermieter, Miteigner und Ihre direkten Wand-an-Wand-Nachbarn dazu stehen. Die Rechtsprechung der letzten Jahre sieht zwar die Haltung eines „normalen" Hundes als Grundbedürfnis des Menschen an, das man ihm nicht einfach verbieten kann (schwieriger wird es bei Hunderiesen und solchen, die als gefährlich gelten), aber wenn Sie von Anfang an grünes Licht für Ihren Vierbeiner haben, ersparen Sie sich viel Ärger.

Führen Sie vor der Anschaffung gewissenhaft einige Wochen lang Buch über Ihre Aktivitäten und den dafür nötigen Zeitaufwand: Berufstätigkeit mit Hin- und Rückweg, Einkäufe, sportliche Aktivitäten, Frisör, Arzt, Theater, Kino, Parties, sonstige Einladungen usw.

Antworten Sie sich dann ehrlich auf die Frage: Bleibt mir genug Zeit für meinen Hund? Und habe ich in der verbleibenden Zeit Lust, etwas mit meinem Hund zu unternehmen?

Ein Hund führt wahrlich ein Hundeleben, wenn er seine Tage weitgehend untätig verwartet und dann nachts auch schon wieder ruhig schlafen soll!

Und wenn Sie dann noch Ihren Urlaubsort in der Regel im Flugzeug ansteuern, wird es wohl auch nichts mit der gemeinsamen Erholungszeit ... Damit diese „schönste Zeit des Jahres" für Ihren Hund nicht zur Qual wird, sollten Sie sich rechtzeitig um eine private Unterbringung bemühen, am besten bei hundeerfahrenen Freunden, die Ihr Hund kennt. Sie brauchen aber mindestens drei bereitwillige Hundesitter im Bekanntenkreis, damit hoffentlich einer Zeit hat, wenn Sie ihn brauchen. Jede noch so gut geführte Pension bedeutet für Ihren Hund Kummer und Streß. Es ist böse Irreführung, wenn ein Hundehotel „Erholsame Ferien für Ihren Hund" verspricht. Kein Hund findet es erholsam und gut, wenn er getrennt

Hundekinder und Katzenkinder lernen schnell, die Körpersprache des andersartigen Partners zu verstehen. Dann steht einer Freundschaft nichts mehr im Wege.

von Ihnen verwahrt wird. Andererseits sollte man für eine Urlaubsreise keinem Hund den Streß und möglicherweise auch die Panik zumuten, die der Transport in einer Box im Gepäckraum des Flugzeugs bedeutet.

Stillhalten für den Fotografen. Eine braune Kurzhaardackelmutter kann durchaus ein schwarzes Kind mit braunen Abzeichen haben.

Leben in Ihrem Haushalt Menschen, die auf verschiedene Umweltreize allergisch reagieren? Dann ist leider die Wahrscheinlichkeit groß, daß sie auch eine Überempfindlichkeit gegen den Hund (Speichel, Hautschuppen, Haare) entwikkeln.

Wenn Ihnen Ihre gründlichen Vorüberlegungen mehr und mehr deutlich machen, daß ein Hund gar nicht in Ihre Lebensumstände passen will, dann haben Sie bitte auch den Mut zu dieser bitteren Konsequenz: Ich wünsche mir sehr einen Hund, aber im Interesse des Hundes verzichte ich momentan lieber darauf.

ZU WELCHEM HUND PASSE ICH?

Der Hund muß uns nehmen, wie wir kommen: Geld gegen Ware Hund, und damit ist er uns auf Gedeih und leider allzu oft auch auf Verderb ausgeliefert.

Horchen Sie zunächst einmal in sich hinein, zu welchem Typ Hund es Sie hinzieht: zum kernigen Wuschel im einmaligen Mischlingslook oder zum windschnittigen, muskulösen Sportlertyp oder eher zum im Seidenfell tänzelnden, grazilen Softy mit Aristokratenflair; zum Winzling oder zum Koloß?

Sie haben die Wahl zwischen vielen hundert Rassen und dazu noch unter den verschiedenartigsten Mischlingen.

Es gibt viele Bücher, in denen die verschiedenen Rassen mit Foto und Text vorgestellt werden. Für eine erste Information sind sie gut, aber dann sollten Sie möglichst bald die reale Begegnung mit Hunden der favorisierten Rassen suchen, und zwar mit erwachsenen Hunden, denn auch der niedlichste Welpe ist nach einem Jahr ein erwachsener Hund!

So unterschiedliche Hunde sind durch verschiedene Zuchtziele entstanden: Der Irische Wolfshund entwickelt sich zum „sanften Riesen" und bezahlt diese Größe mit einer kurzen Lebenserwartung. Der junge Jack Russell bleibt ziemlich klein und steckt voller Vitalität und Quirligkeit.

Über Rassehundvereine und Hundeübungsplätze oder Ausstellungen lassen sich schnell Kontakte knüpfen. Machen Sie Spaziergänge mit und beobachten Sie den Hund dabei genau: Liegt Ihnen das Temperament, sein Umgang mit anderen Hunden und Mitmenschen? Wie verhält er sich Kindern gegenüber? Mögen Sie seine Stimme, oder nervt Sie sein schrilles Kläffen?

Größe ist eine Frage der Relation: Besuchen Sie Ihre Wunschrasse deshalb auch unbedingt zu Hause! Ist sie Ihnen dort auf einmal viel zu groß? Können Sie Ihren Wunschhund gut riechen? Wie intensiv riecht er nach einem Regenspaziergang? Bewacht der Hund, der unterwegs so harmlos auftrat, die eigenen vier Wände mit bedrohlicher Ernsthaftigkeit?

Sie merken schon: Ein Hund ist mehr als sein Äußeres. Natürlich spielen bei jedem erwachsenen Hund Anlagen und Erziehung zusammen, deshalb ist es sinnvoll, verschiedene Hunde der Wunschrassen zu erleben.

Das ist Ihnen alles viel zu zeitaufwendig? Dann lassen Sie lieber die Finger vom Hund!

Für Sie ist der Hund zwar nur ein „Lebensabschnittspartner", für Ihren Hund aber sollten Sie ein zuverlässiger Lebenspartner sein, und dazu können Sie durch sorgfältiges Kennenlernen der Rasseeigenarten vor der Entscheidung für einen bestimmten Hund wesentlich beitragen.

Bei Mischlingen sollten Sie sich über die Ausgangsrassen – soweit bekannt – informieren.

Jeder der Labrador-Retriever-Welpen trägt individuelle und auch rassetypische Wesensanlagen in sich. Mit großer Sicherheit werden sich alle Welpen zu Wasserfans entwickeln. Der Welpe ist glücklich dran, wenn er ausleben darf, was seiner Begabung entspricht.

Gehen Sie vor der Entscheidung auch diese Checkliste kritisch durch:

- Bin ich dem Bewegungsbedürfnis des Hundes gewachsen?
- Habe ich die Kraft, ihn in Extremsituationen festzuhalten? (Kein Hund gehorcht immer!)
- Ist seine Größe für meine Kinder angemessen? (Sie wollen nicht nur spielen und schmusen, sondern ihn auch an der Leine führen.)
- Lassen sich sein Fell und seine Lust an Wasser und Dreck mit meinem Reinlichkeitsbedürfnis in Einklang bringen?
- Habe ich Lust auf regelmäßiges Bürsten und Kämmen?
- Liegt es mir, mit meinem Traumhund regelmäßig den Friseur anzupeilen, oder wird mir das zum Alptraum und ich nehme lieber ein pflegeleichtes Modell?
- Habe ich die richtige Autogröße für den geplanten Hund?
- Habe ich das Geld für Anschaffung, Futter, Versicherungen, Pflege, Tierarzt? Im Lauf eines Hundelebens soll sich der Betrag auf einen Mittelklassewagen summieren!
- Kriege ich meinen Hund auch in die Wohnung im vierten Stock, wenn er mal nicht laufen kann? Und habe ich einen Hund gewählt, den ich das erste Jahr treppauf treppab schleppen kann (und will), weil ja bekanntlich kein junger Hund Treppen laufen soll!

GUMMIBEGRIFF FAMILIENHUND

Immer mehr Anbieter ganz unterschiedlicher Rassen werben für ihre Hunde mit der Kennzeichnung „idealer Familienhund". Und gutgläubige, unerfahrene

Interessenten nehmen das als eine Art Gütesiegel und vertrauen leider blind darauf.
Offenbar wird jede Waschmittel- oder Zigarettenwerbung kritischer gesehen als die Werbung für das Lebewesen Hund. Und dabei kann man sein Waschmittel jederzeit wechseln; für seinen Hund geht man eine Verpflichtung für ca. 10 bis15 Jahre ein!
Der eine Anbieter wirbt mit dem „Familienhund" und hat einen Wächtertyp zu bieten, der nur seine Familie liebt und ihr vertraut, der sie vehement gegen „den Rest der Welt" verteidigt und am liebsten gar keinen Besucher reinlassen würde ... und wenn schon rein, dann nicht wieder raus!
Der Nächste bezeichnet seine Hunde als Familienhunde, weil sie kernige, verspielte Mitmachertypen sind: Immer gern in Aktion, immer gern dabei und von einer kindgemäßen Größe, andererseits aber Rauhbeine, die keiner Rauferei mit Artgenossen aus dem Wege gehen und von jedem Wildduft vom rechten Weg weggelockt werden.
Wieder ein anderer hält seine zentnerschweren Brokken für tolle Familienhunde, weil diese gutmütigen Burschen nicht so schnell aus der Fassung geraten, Kinder ohne Protest auf sich herumturnen lassen, andererseits aber wenig Spiellust haben und, wenn ihnen danach ist, mit dem Kind, das sie an der Leine hat, machen, was sie wollen ...

Ein Kraftpaket, lebhaft und verspielt bis ins Alter – das ist der Boxer. Diesem Athleten sollte man kräftemäßig gewachsen sein.

Das faltige Kummergesicht täuscht. Wenn es bei Hunden so etwas wie Humor gibt, dann haben Boxer und andere Bulldoggen ihn!

Vertrauensvoll und neugierig sehen sie uns entgegen. Wir haben es in der Hand, ob unser Welpe ein gutes Hundeleben führen darf oder ohne Zuwendung und Aufgaben verkümmert.

Was Anzeigen verraten

Hunde direkt vom Züchter, Lang- und Rauhhaardackel, Cocker-Spaniel aller Farben, Klein- u. Zwergpudel, Collie, Dobermann, Bernhardiner, Boxer, Irish-Setter, Schäferhund u. andere Rassen, gesunde und gepflegte Tiere ...

Hier wird skrupellos Massenproduktion aus Profitgründen betrieben. In Käfigen, Kisten oder alten Schweinekoben wachsen die Welpen ohne prägende gute Menschenerfahrungen und ohne fördernde Umwelt auf. Fast zwangsläufig entstehen Tiere, die krank an Körper und Seele sind. Unterstützen Sie diese Tierquälerei nicht durch den Kauf eines Welpen. Für jedes Kerlchen, das Sie „retten", werden andere nachproduziert, oft auch aus den östlichen Nachbarländern aufgekauft.

Weiße Golden Retriever-Hündin aus der Eduscho-Werbung, 1 J., aus 1-A-Zucht, in allerbeste Hände zu verkaufen; Tel. So ab 17 Uhr ...

Ein tyischer Modehund-Züchter.

Boxer-Welpen, vollkupiert, importiert, ohne Pap. zu verk., Tel. ...

Das Zurechtschneiden der Ohren ist in Deutschland seit Jahren verboten. Diese armen verstümmelten Hunde haben den Umweg übers Ausland zu einem Ohren- und Rutenabschneider machen müssen.

Hundekinder
Die fast tägl. tierärztl. Betreuung, pünktl. Impf. u. Entwurm. etc. bieten gr. Sicherheit f. unsere Hunde und die künftigen Besitzer. Die tierärztl. Grunduntersuchung u. ggf. Behandlung nach Übern. ist in allen Preisen enthalten. Wir haben lfd. Mischlings- und Rassewelpen, aber auch ältere Hunde. Rufen Sie uns an ...

Auch wenn es seriös klingt: Es handelt sich um Hundehandel großen Stils, verkaufsstrategisch geschickt verpackt. Mit dem Hinweis auf den Tierarzt möchte man der Befürchtung entgegentreten, daß kranke Tiere verkauft werden. Gesunde Welpen brauchen den Tierarzt aber nur zum Impfen! Nur sehr kranke Tiere brauchen fast täglich den Tierarzt!

2 gestromte Boxerhündinnen + 1 gold. Hund, m. Pap., geimpft, 2 Mon. alt, sof. zum Mitnehmen. Tel. ...

Der Hund gleich zum Mitnehmen: Das will kein verantwortungsvoller Züchter!

Irish-Setter-Hündin, 2 J., k. Kleinkinder, Tierschutz Musterstadt, Tel. ...

Wahrscheinlich beim Tierheim abgegeben mit dem Hinweis: „Sie hat unser Kind gebissen." Möglicherweise war das aber nur ein Vorwand, um den lästig gewordenen Hund abzuschieben.

Schäferhund, 4 1/2 Jahre, k. Kinder, sehr guter Wachhund, Pr. Vhs., Tel. ...

Wehe, wenn so ein Wachhund, der keine Kinder mag, unbeaufsichtigt loskommt!

Amerik.-kanadischer Schäferhund, weiß, Langhaar, 2 J., ängstl., i.gut Hd. abzug., Schutzgeb. 500,-. Tel. ...

Hier werden Problemhunde angeboten. Ängstliche Hunde können schnell zu Angstbeißern werden.

Kuvasz „v. Schloß Bräke" (VDH)
Wir erwarten Ende Oktober einen Wurf Kuvaszwelpen. Möchten Sie „Ihren" Welpen im Alter von 2–3 Wochen kennenlernen und bis zur Übernahme regelmäßig besuchen? In uns haben Sie auch nach der Übernahme „Ihres" Welpen jederzeit einen Ansprechpartner für alle Fragen rund um den Hund. Besucher sind uns jederzeit willkommen.

So oder ähnlich sollte die Anzeige eines guten Züchters aussehen: rechtzeitige Information des Interessenten, die Bereitschaft, Einblicke in die Aufzucht zu gewähren und Verantwortung auch nach Abgabe der Welpen. Nicht erwähnt, aber fast selbstverständlich ist, daß solche Welpen mit engem Menschenkontakt aufwachsen.

Sie wurden von ihren Menschen wie Wegwerfartikel behandelt. Der Mensch ist die Schwachstelle in der Partnerschaft zwischen Mensch und Hund!

Ja, und dann bezeichnen auch die ihre Hunde als ideale Familienhunde, die es m.E. auch wirklich sind: Nämlich Hunde, die Menschenfreunde schlechthin sind und auch jedem Fremden ohne Mißtrauen freundlich entgegengehen, gleichzeitig Hunde, die bis ins Alter verspielt und heiter bleiben. Hunde mit Gelassenheit und Selbstvertrauen und - und das halte ich für das Allerwichtigste! - Hunde, die sich von ihrer Veranlagung her zu jedem zappeligen, quiekenden Kleinkind hingezogen fühlen, und die auch bereitwillig „ihren" Menschenkindern als Kuschelpartner und Kopfkissen dienen und schon mal ihr Ohr als Schmusetüchlein benutzen lassen.

Ja, und leider gibt es unter den Geschäftemachern auch die ganz unverfrorenen, die ihre Hunde einfach als Familienhunde bezeichnen, weil sich diese Bezeichnung als verkaufsfördernd erwiesen hat.

Die Retriever wurden lange Zeit zu Recht als ideale Familienhunde bezeichnet. Manche Kinder sind allerdings traurig darüber, daß sie diese kräftigen Hunde nicht an der Leine führen können. Seit sie in Mode gekommen sind und wie wild gezüchtet werden, gehen sie leider gesundheitlich und vom Wesen her mehr und mehr vor die Hunde.

Boxer und andere Bulldoggenartige sind in der Regel große Kinderfreunde, leider ist aber das Verhalten gegenüber Artgenossen nicht immer unproblematisch.

Sie merken: Sie müssen selbst entscheiden, was Sie sich von Ihrem Familienhund erhoffen, und danach auswählen. Jede Familie ist anders zusammengesetzt und hat letztlich andere Bedürfnisse.

Bedenken Sie dabei, daß jede Rassebeschreibung eine mehr oder weniger geschönte Werbung für genau diese Rasse sein kann. Für viele Züchter gibt es nur diese eine Rasse, und sie sind blind für ihre Nachteile.

Bilden Sie sich nicht ein, durch Erziehung jeden Welpen zum idealen Familienhund hinzukriegen: Nicht nur das Äußere ist durch Anlagen vorprogrammiert - jeder Welpe bringt auch Anlagen für bestimmte Verhaltensweisen mit. Ideal ist es, wenn die rassetypischen Begabungen und das, was Sie Ihrem Hund bieten können, zusammenpassen.

Nicht einmal Pipimachen kann man ungestört. Schon benutzt die respektlose Schwester den Schwanz zum Spielen. Welpen erproben im Spiel, was sie sich herausnehmen können.

Ein Netz hinter offenen Treppenstufen ist eine ratsame Sicherung. Gleichzeitig muß unsere Erziehung dem Welpen das Treppenlaufen verbieten.

PRAKTISCHE VORBEREITUNGEN

Das Wichtigste, was Sie für die ersten Wochen mit dem Welpen brauchen, ist Zeit, viel Zeit: Berufstätige Familienmitglieder sollten ihren Urlaub nehmen und ihn als Mutterschafts- bzw. Vaterschaftsurlaub für das Hundekind ansehen. Sie werden einen faszinierenden Erlebnisurlaub mit dem Welpen genießen, der Ihnen auf jeden Fall Freude und Erholung bringt. Erledigen Sie Zeitaufwendiges, solange Sie noch unabhängig sind: Größere Sanierungsarbeiten beim Zahnarzt, Dauerwelle, den Florida-Urlaub, Einkauf der neuen Garderobe usw. Renovieren Sie Ihre Wohnung bitte nicht gerade kurz vor der Ankunft Ihres kleinen „Auslaufmodells", das durchaus auch Reißwolfqualitäten hat. Ein alter Teppichboden und eine vergilbte Tapete tragen sehr zur inneren Gelassenheit bei. Und Sie wollen Ihr Baby ja genießen und sich nicht etwa von ihm nerven lassen.

KLEIDUNG

Legen Sie sich erdfarbene Robustkleidung zurecht: Das Hundekind hat nadelspitze Milchzähne, ebenso spitze Krallen, hoffentlich ein ausgelassenes, unternehmungslustiges Naturell, zudem pieschert es vielleicht bei jeder freudigen Begrüßung los, und auch bei Regenwetter wird es ab und zu an Ihnen hochspringen oder -steigen, um

sich zu vergewissern, daß Sie es auch wirklich sind und alles ok ist.
Wenn Sie in einem oberen Stockwerk wohnen, müssen Sie den Welpen im ersten Jahr die Treppen runter- und auch wieder hochtragen. Sie werden sich wundern, wie gründlich selbst ein kleinwüchsiger Welpe nach einem Schmuddelwetterspaziergang Sie an seinem Ferkellook teilhaben läßt!

SICHERHEITS-VORKEHRUNGEN

Gehen Sie mit wachem Auge durch die Wohnung und fragen Sie sich: Was kann für den Welpen gefährlich werden? Und was ist durch den Welpen in Gefahr?
Wie ein Kleinkind nimmt auch ein Welpe alles neugierig in den Mund, kaut darauf herum und schluckt es auch schon mal, deshalb können Büroklammern, kleine Setzkastenfiguren, Nadeln, Anstecknadeln, Schmuckstücke, Buntstifte u.ä. für ihn zur Gefahr werden.
Andererseits sollten Sie Ihren antiken Steiff-Teddy, die Käthe-Kruse-Puppe, den edlen Seidenteppich, die 300 Jahre alte Bibel, die Altmeissener Bodenvase und andere Dinge, an denen des Menschen Herz so hängt, in Sicherheit bringen: Der kleine Welpe hat leider nicht unsere Wertvorstellungen!
Eine Treppe im Wohnbereich sollten Sie unten und oben durch Kindersicherungen versperren! Oben auch, weil wahrscheinlich Ihr Schlafzimmer oben liegt und ein Familienmitglied im Babyalter nachts nicht isoliert werden darf!
Treppen mit Luft zwischen den Stufen sind für Welpen lebensgefährlich! Glatte Stufen führen leicht zu folgenschweren Stürzen!
Um den Garten gehört ein Zaun. Nur so hat Ihr Hund etwas davon! Verbannen Sie spätestens jetzt Schnekkentod, Blaukorn, chemische Insektenkiller u.ä. aus Ihrem Garten. Welpe und Umwelt danken es Ihnen.
Jeder Hund kann schwimmen, dennoch sind Schwimmbecken und Teiche mit steilen Rändern tödliche Fallen!

GOLFRASEN ADE!

Verabschieden Sie sich ohne Groll und Trauer von Ihrem untadeligen Golfrasen, vom fusselfreien dunkelblauen Festgewand, von der unbesabberten Glastür und wenn Sie das nicht können, dann verabschieden Sie sich von Ihren Hundeplänen!

Auch wenn es noch so lustig aussieht: Hier muß die Erziehung einsetzen. Welpen haben auf dem Eis nichts zu suchen! Sie können festes und brüchiges Eis nicht unterscheiden.

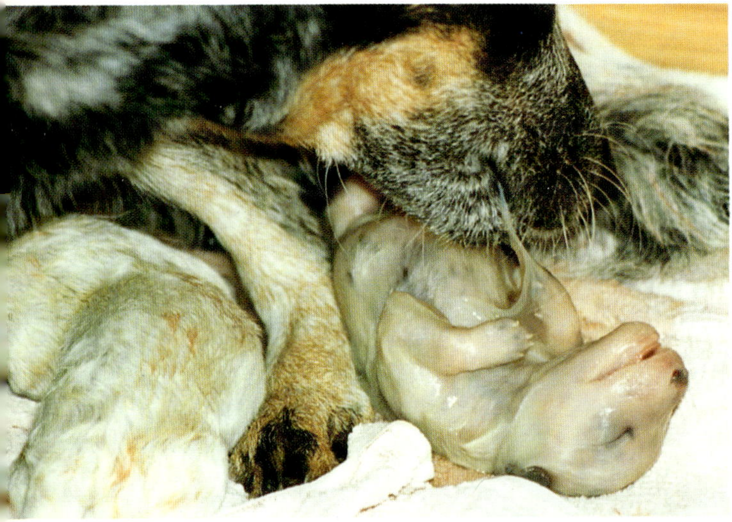

Die folgenden Fotos zeigen unsere Cattle-Dog-Hündin Emily mit ihren Babys. Ganz selbstverständlich tut Emily für ihre Welpen alles, was wichtig ist. Gleich nach dem Erscheinen des Welpen zerbeißt sie die Fruchthülle, so daß er atmen kann.

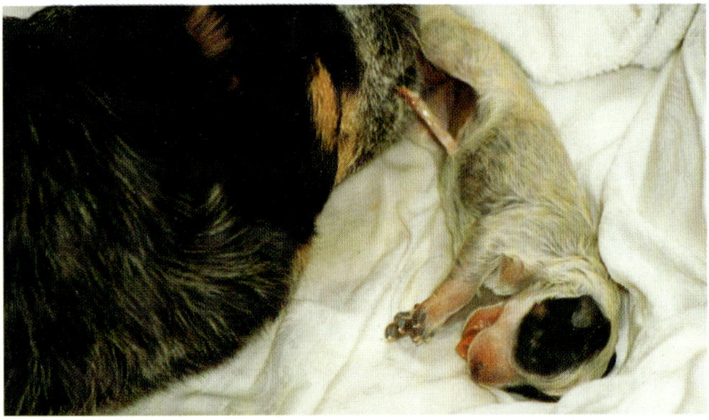

Die Nabelschnur wird mit den Backenzähnen abgedrückt und durchgekniffen. Die Nachgeburt, die jedem Welpen nachfolgt, wird von Emily blitzschnell gefressen.

Emily ließ uns, ihre Menschenfamilie, mit Selbstverständlichkeit an diesem ergreifenden Ereignis teilhaben.

Satt und geborgen schlafen die Kleinen. Emily macht einen zufriedenen, glücklichen Eindruck. Die Welpen sind in den ersten Tagen blind und taub, aber sie können riechen, schmecken und fühlen. Dadurch erhalten sie schon eine Menge Sinneseindrücke.

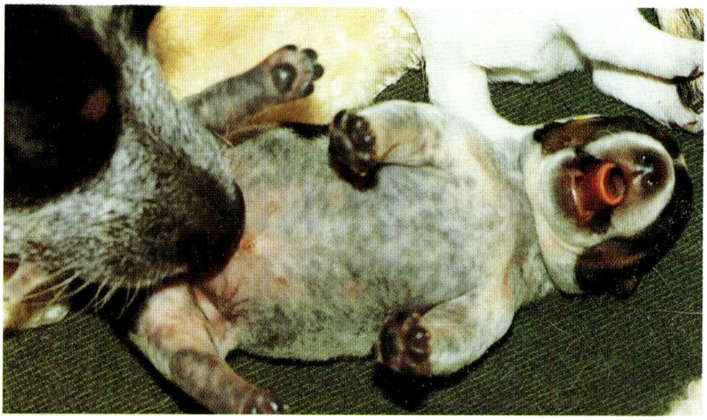

In den ersten Wochen sorgt die Hündin alleine für ihre Babys. Sie säugt sie, wärmt sie, massiert die Bäuchlein mit der Zunge und leckt den so abgeforderten Kot und Urin auf. Gefahren versucht sie abzuhalten.
So rollen Welpen ihre Zunge beim Trinken um die Zitze.

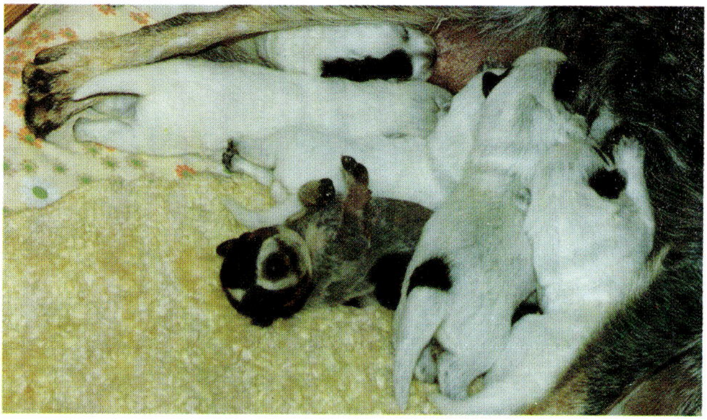

Satt fallen die Welpen vom Gesäuge ab und schlafen meist gleich ein. Wenn ihnen kühl wird, legen sie sich einfach in engen Kontakt zu ihren Geschwistern.

Emily und ein vertrautes Familienmitglied umsorgen gemeinsam die Welpen. Noch blind, spüren sie doch schon die Wärme und den Geruch des Menschen, und ihr kleiner Körper entspannt sich wohlig beim sanften Streicheln.

Um den 12. Tag herum öffnen sich Augen und Ohren, und mit ca. drei Wochen stehen und gehen die Kleinen schon, wenn auch wackelig, auf den eigenen Beinen. Jetzt empfinden sie die Wurfkiste als Einengung. Sie wollen beobachten, schnuppern, spielen – sie wollen die Umwelt erkunden.

Emily wird jetzt zum freudigen und geduldigen Spielpartner. Sie fängt behutsam an zu erziehen. Die Welpen unterscheiden zwischen Schlafplätzen und Abenteuerspielplätzen. Keiner würde mehr seine Geschäfte auf den Schlafplätzen verrichten!

Mit vier Wochen ist man schon ein patentes Kerlchen: Die ersten Milchzähne sind da, man kann sogar schon kleine Hüpfer machen, mit dem Schwänzchen wedeln. Jetzt braucht der Welpe dringend eine anregende Erlebniswelt: Umweltgeräusche, verschiedene Bodenstrukturen, Geschwister, Mami und Menschen zum Spielen, Spielzeug.

Auch der großzügigste Auslauf wird nach wenigen Wochen als Einengung empfunden. Die Aufmerksamkeit richtet sich auf die Welt davor. Dort sind ihre Menschen, und da wollen sie auch sein. Mit ca. acht bis zehn Wochen sind Welpen gerüstet für's Leben im neuen Menschenrudel. Auch der beste Züchter kann die Welpenhorde nicht mehr optimal halten.

Wenn Mami einen im schönsten Spiel nur nicht immer wieder unterwerfen würde! Aber das gehört zur Erziehung dazu. Auch untereinander unterwerfen sich die Welpen eifrig und lautstark und lernen so, daß die Bäume nicht in den Himmel wachsen.

Der Welpe kommt ins Haus

Leitlinien, wie man zu einem lebenstüchtigen Welpen gelangen kann, und wie man eine gute Partnerschaft aufbaut.

DIE RICHTIGE WELPENWAHL

Sie haben sich aus guten Gründen für eine bestimmte Rasse oder einen Mischling entschieden. Den „Welpen der guten Tat" aus der Mülltonne, von der Ferieninsel oder von einer Tierschutzorganisation lasse ich jetzt außen vor. Bei seiner Wahl spielen ganz andere Beweggründe eine Rolle, als sich aus einem Wurf Welpen den richtigen herauszusuchen.

Gute Züchter gewähren Ihnen spätestens ab ca. der vierten Woche Zutritt zu der Hundekinderstube und erwarten von Ihnen von da an regelmäßige Besuche. Zum einen wollen sie dabei natürlich beobachten, ob Sie als neues Rudel für das Hundekind geeignet sind; gleichzeitig haben Sie selbst aber die Gelegenheit, die Aufzuchtbedingungen zu begutachten:

Ganz wichtig ist,

- daß die Welpen von Anfang an mit im Wohnbereich der Züchter leben,
- daß sie in den ersten zehn bis 12 Lebenswochen

Es ist nicht leicht, sechs Welpen zum Stillsitzen zu bewegen. Wenn Welpen wach sind, haben sie auch etwas vor – oder sie sind krank.

Jede Hundemutter ist froh, wenn vertraute Menschen ihr beim Babysitten helfen, denn diese unternehmungslustige Horde nervt sie mehr und mehr, und sie zieht sich gern mal zurück.

Spielerisch den Nackenbiß üben, verstecken und auflauern, beobachten, auf einer Schräge traben – mit acht Wochen sind sie fitte Kerlchen. Sebstvertrauen und Vertrauen zu Artgenossen und Menschen bringt ein Welpe aus guter Kinderstube mit.

ein Grundvertrauen zum Menschen entwickeln, weil mit ihnen geredet und geschmust wird,

- daß der Welpenauslauf eine Erlebniswelt ist, in der der Welpe vielfältige Erfahrungen machen kann. Dazu braucht er unterschiedliche Bodenstrukturen wie Gras, das am Bäuchlein kitzelt, Erde zum Buddeln, Steine zum Stolpern, er braucht Röhren zum Durchkriechen und Verstecken, Äste zum Überspringen und Zerkauen, Bälle oder Äpfel zum Tragen usw. Ein steriler, kahler Betonboden-Zwinger ist ein geisttötendes Gefängnis für einen erfahrungshungrigen Welpen.

▶ daß die Kinderstube sauber ist und daß nur wenige, wohlgeformte Kot-Würstchen herumliegen (Durchfall ist bei Welpen immer ein Alarmzeichen),

▶ daß die Welpen neugierig und vertrauensvoll auf die Züchter und (eventuell nach kurzem Zögern) auf Sie zugehen,

▶ daß sie ein sauberes Fell haben und gut nach Hundebaby duften (nur ein verwahrloster Welpe stinkt und hat Schuppen oder kahle Stellen im Fell),

▶ daß die Welpen kräftig und aktiv sind (wenn sie nicht gerade entspannt schlafen), aber keine dikken, aufgetriebenen Bäuche haben (Spulwürmerknäuel),

▶ daß sie mit Appetit fressen und ausgelassen miteinander spielen,

▶ daß sie einen warmen, trockenen Platz zum Ausruhen und Schlafen haben, wo sie ungestört sind.

Es sollte selbstverständlich sein, daß die späteren Besitzer nicht nur zum Abholen kommen, sondern sich vorher mit ihrem Hundekind vertraut machten. Das kleine Hundemädchen legt sich bei jedem Besuch der neuen Besitzerin in ihren Arm. Alle Welpen zeigen Vertrauen zu den fremden Menschen.

Die ausschließliche Aufzucht in Innenräumen kann nicht das Ideale sein. Ab ca. der fünften Woche brauchen Welpen zumindest stundenweise den Aufenthalt im Freien, sonst haben sie später draußen viel Angst.

Nutzen Sie die regelmäßigen Besuche beim Züchter auch, um die Welpen im Umgang miteinander und mit ihrer Mutter zu beobachten, daraus können Sie eine Menge lernen. Und Sie sehen, wie der Züchter mit den Hunden umgeht, wie er sie trägt, wie er sie ruft, wie er sich ihrer wilden Spielangriffe erwehrt oder mit ihnen schmust.

Ein verantwortungsvoller Züchter - und nur bei einem solchen kaufen Sie hoffentlich Ihren Hund! - ist täglich so viel mit den Welpen zusammen, daß er die Wesensmerkmale jedes einzelnen genau kennt.

WELPENTEST

Vielleicht hat er auch einen sogenannten Welpentest mit seinen Welpen durchführen lassen, bei dem eine den Welpen unbekannte Person jeden einzelnen Welpen in bestimmten gestellten Situationen beobachtet. Dadurch versucht man, das Neugierverhalten, die Selbstsicherheit und die

Aus manchem Schlappohr wird nach einigen Wochen das erwünschte Stehohr. Manchmal helfen Züchter nach, indem sie Ohren mit Leukoplast eine Zeitlang hochkleben.

Unterwerfungsbereitschaft zu erkennen. Fragen Sie Ihren Züchter nach den Auswertungsergebnissen solcher Tests.
Zudem wird ein engagierter Züchter Ihnen gute Tips geben können, welcher Welpe zu ihren Lebensumständen und zu Ihren Vorstellungen am besten paßt.
Diese Ratschläge sollten Sie ernst nehmen: Der kräftige Draufgänger mit dem herrlich dicken Kopf mag Ihnen noch so gut gefallen; wenn Sie aber keine Erfahrung mit Hunden haben, macht so eine Führungspersönlichkeit Sie schnell zum Underdog.

RÜDE ODER HÜNDIN?

Sie sollten auch, möglichst bevor Sie inmitten von unwiderstehlichen Welpen sitzen und Ihr Gefühl den Verstand überwiegt, wissen, ob Sie Rüden oder Hündin wollen.
Rüden: kräftiger, rauflustiger gegenüber Geschlechtsgenossen, Dominanzbestrebungen auch gegenüber ihren Menschen, großer Aktionsradius, oft störende sexuelle Aktivität wie Aufreiten auf Arme und Beine.
Hündinnen: zierlicher, leichter erziehbar, größeres Zuwendungsbedürfnis, brauchen verstärkte Aufsicht während der Läufigkeiten (2mal im Jahr drei Wochen), danach oft monatelang träge und lustlos (scheinträchtig). Insbesondere bei großen Rassen ist eine Hündin für den Anfänger der geeignetere Hund (für viele erfahrene Hundehalter auch der faszinierendere!) Die Belästigung durch die Läufigkeit werden m.E. überschätzt.
Wenn Sie sich schließlich ein Hundekind ausgesucht haben, dann bedenken Sie immer, daß ein ganz wesentlicher Einfluß auf die Entwicklung des Kleinen von Ihnen ausgeht:

Im Erbgut ist sein äußeres Erscheinungsbild weitgehend festgelegt, und er hat Anlagen für seinen Charakter und seine Intelligenz mitbekommen. Ein guter Züchter hat versucht, ihn in seiner körperlichen, geistigen und seelischen Entwicklung bestmöglich zu fördern, aber es liegt letztlich an Ihnen, was aus dem empfindsamen, menschenbezogenen Kerlchen einmal wird. Er kommt in die völlige Abhängigkeit von Ihnen, und so mancher arme Hund ist durch seine Menschen schon vor die Hunde gegangen ...

Jeder verantwortungsvolle Züchter entwurmt die Welpen von der zweiten Lebenswoche an regelmäßig gegen Spulwürmer, weil praktisch jeder junge Hund während der Tragzeit und über die Muttermilch diese Schmarotzer mitbekommt, auch wenn die Mutter entwurmt ist.

In der achten Woche werden die Welpen geimpft. Vorher ist eine Impfung sinnlos, weil sie mit der Muttermilch Abwehrstoffe von der Mutter erhalten und deshalb keine eigene aktive Abwehrfront aufbauen. Erst ca. eine Woche nach der Impfung sollte der Welpe frühestens seine Kinderstube verlassen, weil dann Impfschutz besteht.

Spielzeug wird erst richtig reizvoll, wenn auch ein anderer es haben will. Geknurrt wird dabei möglichst furchterregend. Als Beute dient die Decke.

Draußen geht ein Fremder am Zaun vorbei. Für einen Moment wird das Spiel uninteressant, aber sicherheitshalber behält man die Decke doch im Griff.

„Fotograf, du störst! Oder willst du etwa auch die Decke haben?" Der Sozialpartner Mensch wird gern in Spiele einbezogen.

LEBENSERFAHRUNGEN DES WELPEN

Die Fotoseiten (S. 16–19) zeigen, wie sich ein Welpe die Umwelt nach und nach mit allen Sinnen erschließt, und wie schnell er mit sicheren Schritten ins Leben geht. Der Welpe ist, wenn Sie ihn mit ca. acht bis zehn Wochen holen, schon ein erfahrenes Kerlchen. Neben den vielfältigen anderen Erfahrungen, die ein Welpe in den ersten Lebenswochen in einer artgerechten Umwelt macht, sind die Sozialkontakte, die Erlebnisse mit seiner Mutter, seinen Geschwistern und seinem Züchter für sein ganzes weiteres Leben bestimmend.
Er lernt, daß seine Mutter ihm Nahrung, Wärme und Zuwendung gibt, daß sie geduldig mit ihm spielt, und daß sie ihn manchmal auch sehr entschlossen erzieht, gleich danach aber wieder mit ihm spielt, also nicht nachtragend ist. Er erfährt, daß sie ihm manchmal hilft, wenn die Geschwister ihn schikanieren.
Er macht die Erfahrung, daß da Geschwister sind, die einem die Zitze wegnehmen wollen, an der es besonders gut schmeckt, Geschwister, an die man sich beim Schlafen kuscheln kann, denen man in den Hals zwicken kann, und die quieken, wenn man sie in die Ohren zwickt; mit denen man herrliche Kampfspiele machen kann, bei denen man mit etwas Glück und Einsatz auch mal gewinnt, bei denen man aber auch oft unten liegt und erfährt, daß man nicht der Allerstärkste ist.
Das soziale Gruppenwesen Hund lernt, Möglichkeiten zu nutzen und Grenzen zu akzeptieren. So bildet sich eine Rangordnung, die das friedliche Leben im Rudel möglich macht.
Nicht weniger wichtig sind die Kontakte zum Züchter: Der Welpe prägt sich den Geruch des Menschen ein, verbindet ihn mit einer freundlichen Stimme und streichelnden Händen. Der Welpe registriert, daß der Mensch „Aua" schreit, wenn er ihn herzhaft durch die Socke in die Fußzehe zwickt, und er lernt, daß Menschen vorsichtiger behandelt werden müssen als Mutter und Geschwister.
Und er erfährt nach wenigen Wochen, daß dieser etwas andersartige Partner auch noch leckere Sachen

Erste Ausflüge mit den vertrauten Menschen und Geschwistern. So erobert sich ein junger Hund sehr schnell die Welt.

heranbringt. Schon mit ca. sechs bis acht Wochen sind bei einem guten Züchter die Welpen so fasziniert vom Menschen, daß sie dafür sogar ihre Mami stehen lassen. Die ist darüber nicht unglücklich, denn ihr geht die wilde Bande mehr und mehr auf die Nerven. Mit spätestens zehn Wochen ist ein Welpe aus guter Kinderstube bestens gerüstet für das Leben in seinem Menschenrudel.
Dem Welpen, der den Menschen von Anfang an als Sozialpartner kennengelernt hat, ist später ein Leben unter Hunden nicht genug; er möchte unser Partner sein. Wir sind seine wichtigsten Bezugspersonen.

DER ÜBERGABETAG

Holen Sie den Welpen möglichst zu Beginn des Wochenendes ab, dann haben alle, auch Schulkinder und berufstätige Familienmitglieder, Zeit, und der Welpe kann gleich sein ganzes neues Rudel kennenlernen. Richten Sie es so ein, daß Sie nicht erst abends mit ihm nach Hause kommen, damit er sich vor der Nacht ein bißchen einleben kann.
Klären Sie vorher beim Züchter, ob er Ihnen das vertraute Futter für die nächsten Tage mitgibt. Sonst bitten Sie ihn um genaue Angaben und kaufen entsprechend ein. Auch wenn Sie später anderes Futter verwenden wollen, sollten Sie die Ernährung auf keinen Fall gleich umstellen.
Lassen Sie sich vom Züchter ein Stückchen alte Dekke o.ä. mit dem vertrauten Duft der Kinderstube mitgeben. Wenn der Welpe dann bei Ihnen zu Hause den vertrauten Geruch an seinem Schlafplatz findet, beruhigt ihn das.
Vom Züchter bekommen Sie einen Impfpaß, in den die Erstimpfung eingetragen ist, meistens auch der Termin für die erste Wiederholungsimpfung (mit ca. 12 Wochen).
Informieren Sie sich, wann der Welpe entwurmt worden ist, und versäumen Sie insbesondere beim heranwachsenden Hund die regelmäßigen Wurmkuren gegen Spulwurmbefall nicht.
Ein Züchter, der Mitglied im VDH ist, wird Ihnen den Standard-Kaufvertrag des VDH vorlegen, der Sie über den Welpen informiert und die beiderseitigen Rechte und Verpflichtungen festhält.
Zusätzlich sollten Sie sich den Bericht über die Wurfabnahme zeigen lassen, in dem der Zuchtwart u.a. auf Auffälligkeiten der einzelnen Welpen hinweist: zum Beispiel wird darin ver-

Auch Autofahren wird nicht zum Problem, wenn diejenigen mit sind, die der junge Hund kennt. Natürlich muß das Ziel interessant sein, tunlichst nicht gerade Tierarzt!

Rennen, springen, zupacken, knurren, wedeln, auf den eigenen Namen hören und vielleicht sogar ein bißchen lachen (oder können Hunde gar nicht lachen?) – Wer möchte so einen ganzen Kerl nicht haben?

merkt, wenn die Hoden der Rüden noch nicht aus der Bauchhöhle in den Hodensack gerutscht sind, oder wenn Welpen eine Fehlbildung der Kiefer wie z.B. einen Rückbiß oder Vorbiß haben. Auf Knickruten und Nabelbrüche wird ebenfalls hingewiesen. Und die wichtigste Information darin ist wohl die über den Gesundheitszustand und die Sozialisierung der Welpen.
Wenn Sie einen Mischling kaufen, fehlt diese fachmännische Beurteilung. Spätestens am Übergabetag - besser bei einem früheren Besuch - sollten Sie deshalb jemand mit zu den Welpen nehmen, der etwas von Hunden versteht.
Machen Sie den Abschied kurz - jedem guten Züchter fällt er sowieso schwer genug, obwohl ihn die Welpenschar in den letzten Wochen arg strapaziert hat. Deshalb: Nehmen Sie den Kleinen unter den Arm, und dann nichts wie weg!
Vielleicht haben Sie das Glück, daß der Züchter mit den Welpen schon Autofahren geübt hat, dann wird der Welpe auf Ihrem Schoß vertrauensvoll und erwartungsvoll ins Ungewisse starten. Wenn es sich einrichten läßt, sollten Sie also den Kleinen nicht alleine abholen, sonst müßten Sie ihm eine Hundetransportbox mitnehmen, die sie so auf den Beifahrersitz stellen und befestigen, daß er Sie sehen kann.
Bei längeren Autofahrten sollten Sie, wenn der Kleine unruhig wird, eine Pipi-Pause machen. Den Welpen dabei unbedingt an die Leine nehmen!
Es ist unwahrscheinlich, daß er ins Auto pieschert, aber ihm könnte schlecht werden. Nehmen Sie deshalb Haushaltspapier und alte Frotteetücher mit.

Mutter, Geschwister, vertraute Menschen, gewohnte Umgebung, alles läßt der Welpe hinter sich und vertraut sich uns an. In unseren Händen liegt sein weiteres Schicksal.

DER ERSTE TAG

Neugierig wird der Kleine die Wohnung erkunden. Wenn vorhanden, sollten Sie ihm zuerst den Garten zeigen, weil er sich dort wahrscheinlich schnell hinkauern und pieschern wird.
Wenn Sie eine Etagenwohnung haben, braucht der Kleine ein „Zeitungsklo": Legen sie an gut zugänglicher Stelle großflächig ca. einen Quadratmeter mit einer dicken Zeitungsschicht aus, oben drauf möglichst eine mit dem Urin des Welpen durchtränkte Zeitung. Sobald der Kleine mit der Nase am Boden suchend umherläuft, tragen Sie ihn schnell auf die Zeitungen und fordern ihn freundlich auf: „Paddy, mach Pieschi!"
In der ersten Zeit wird er trotz aller Bemühungen auch an anderen Stellen auslaufen. Machen Sie kein Drama daraus: Er ist ein Kind, ihn überkommt es plötzlich, und er muß erst nach und nach lernen auszuhalten, bis er dort ist, wo er darf. Auf gar keinen Fall schimpfen oder ihn gar mit der Nase in die Pfütze tunken!
Bieten Sie dem Kleinen Spielzeug an und zeigen Sie ihm sein Körbchen, das zunächst genausogut eine kleine Kiste oder ein Karton sein kann (ohne Heftklammern, ohne chemischen Geruch!), mit einer kuscheligen Decke darin und natürlich mit dem vom Züchter mitgebrachten „Heimatduftträger". Hunde liegen übrigens sehr gern auf Schaffellen.
Wundern Sie sich nicht, wenn der Kleine einfach auf dem Teppich einschläft. Lassen Sie ihn aber bitte nicht allein! Er würde einen großen Schreck bekommen, wenn er sich beim Aufwachen ganz verlassen vorfinden würde.
Füttern Sie das vertraute Futter (lauwarm) zu den gewohnten Zeiten. Rufen Sie ihn zum Essen mit seinem Namen: „Paddy, komm!"
Er wird neugierig angelaufen kommen. So verbindet er mit Namen und der Aufforderung „Komm" etwas Positives. Nach dem Essen bringen Sie ihn wieder an eine Stelle, wo er darf, was er jetzt sehr schnell wieder muß.
Meistens wollen Welpen nach dem Essen eine Runde spielen, und im Geschwisterverband tun sie das auch. Andererseits ist man gerade bei großwüchsigen Hunden angehalten, wilde Aktivitäten nach den Mahlzeiten zu vermeiden, weil sonst die Gefahr einer Magendrehung besteht. Bremsen Sie deshalb die Spielgelüste lieber etwas! Spätestens nach dem Verdauungsschläfchen des Welpen sind Sie als Spielpartner gefordert. Sie müssen Hundemutter und Geschwister ersetzen. Ziehen Sie z.B. vorsichtig mit ihm um die Wette an einer geknoteten alten Socke, kullern Sie ein Quietsche-Spielzeug über den Teppich, oder spielen Sie einfach mit Ihren Händen mit ihm. Sollte er Sie derb in die Hände kneifen, haben Sie nicht etwa einen tollwüti-

gen Hund erwischt, er ist nur noch nicht auf einen nackten, unbefellten Partner eingespielt. Spielen Sie nicht den Märtyrer, sondern vermitteln Sie ihm, wenn es Ihnen weh tut (seine Geschwister haben auch aufgejault, wenn ihnen ein Spiel zu grob wurde).

DIE ERSTE NACHT

Stellen Sie nachts sein Körbchen neben Ihr Bett. So merken Sie auch, wenn der Kleine unruhig wird, weil er mal muß, und können schnell mit ihm raus (Tip: Schlafen Sie startklar im Jogginganzug!) oder zum Zeitungsklo eilen.
Wenn Sie es mögen, wird der Kleine sich auch gern in Ihrem Bett an Sie herankuscheln und zufrieden einschlafen.
Wenn Sie ihn alleine in der Küche schlafen lassen, wird er bitterlich und mit Ausdauer weinen. Nicht etwa aus Heimweh nach Mutter und Geschwistern, sondern weil für ihn als Rudeltier das Alleinsein völlig widernatürlich ist. Alleinsein empfindet er als Lebensbedrohung.

DER ALLTAG KEHRT EIN

Der Welpe wird sich bei Ihnen schnell zu Hause fühlen, und nach Welpenart wird er voller Forscherdrang die Wohnung erkunden. Er tut das sehr „zahngreiflich". Sie sollten ihn tunlichst während seiner Aktivphasen genau beobachten, damit Sie ihm sofort deutlich machen können, was Ihnen nicht gefällt. Ihr aktiver Kleiner wird zwangsläufig zu der Erkenntnis kommen, daß das häufigste Wort in der Menschensprache „Nein!" ist.
Spätestens in den ersten Tagen des Zusammenlebens werden Sie Einblicke in den Charakter des neuen Familienmitgliedes bekommen: Der eine Welpe reagiert willig auf das erste „Nein!", der andere ignoriert es und testet auch noch nach dem zehnten „Nein" und nachdem er zehnmal von seinem Experimentierfeld weggeholt worden ist, ob der Mensch das wirklich so gemeint hat.
Vergessen Sie in diesen ersten Tagen bitte nie: Nicht nur Sie wollen aus Ihrem Welpen einen gut erzogenen Hund machen - auch Ihr Welpe setzt alles daran, Sie so hinzukriegen, wie er Sie gerne hätte - und er ist ein Naturtalent im Erzie-

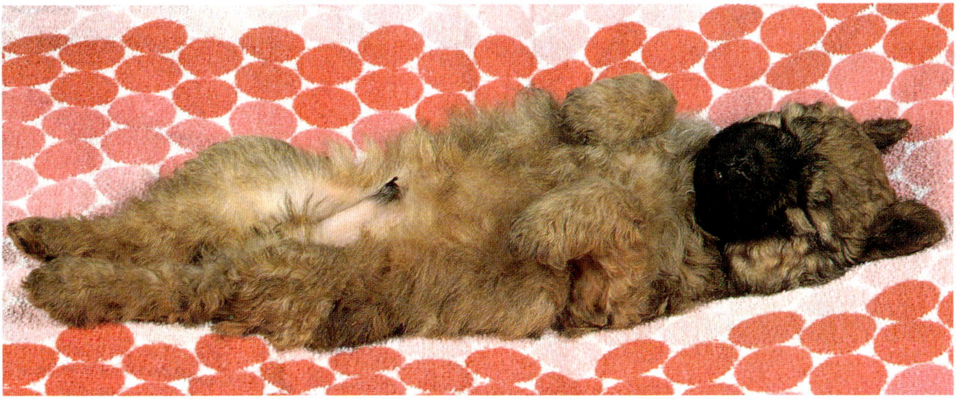

So entspannt schläft ein Welpe ein, der sich inmitten seines Menschenrudels geborgen fühlt.

Die beiden Brüder sind so voller Neugier, daß sie kaum bemerken, daß sie Halsband und Leine umhaben, es gibt Wichtigeres! Der Mensch am Ende der Leine lenkt die Welpen sehr behutsam.

hen von seinen Menschen! Lassen Sie den Welpen von Anfang an mit Ihnen zusammen die Welt erkunden. Jetzt gewöhnt er sich am leichtesten an Straßen mit Verkehr, ans Busfahren, an andere Heimtiere, an Besucher, an den Briefträger. Es wäre falsch, den Welpen zunächst isoliert heranwachsen zu lassen.

SPAZIERGÄNGE

Der Welpe soll zwar noch keine langen Spaziergänge machen, weil die seinen Gelenken schaden können, aber er möchte seine Umgebung erkunden. Nehmen Sie ihn an die Leine und lassen Sie ihn, mit Ihnen unauffällig im Schlepptau, auf Schnupper- und Beobachtungstour gehen. Je nach Selbstvertrauen wird er sich weiter oder nur eine kleine Strecke von zu Hause wegtrauen.
Nie ist die natürliche Bereitschaft des Hundes, dicht bei Ihnen zu bleiben und hinter Ihnen herzulaufen, so groß wie beim zwei bis vier Monate alten Welpen. Nutzen Sie das aus: Gehen Sie in Hundeauslaufgebieten, auf ungefährlichen Wegen ohne Leine mit ihm. Er wird Ihnen eifrig folgen, um Sie bloß nicht zu verlieren. Rufen Sie ihn ab und zu freundlich(!) bei seinem Namen und kauern Sie sich zu ihm hin. Er wird begeistert an Ihnen hochhüpfen. Gehen Sie Hundebegegnungen nicht aus dem Weg. Der Welpe beherrscht alle Unterwerfungszeichen bestens und wendet sie schleunigst an, wenn ihm eine Hundebegegnung nicht geheuer ist. Wenn er sein nacktes Bäuchlein nach oben hält, pieschert und vielleicht gar noch winselt, läßt ihn jeder normale Hund in Ruhe.
Anders sind die Voraussetzungen, wenn Sie mit Ihrem Welpen einen erwachsenen Hund in dessen Zuhause besuchen: Dort reagieren Hündinnen manch-

Man kann Baumstümpfe ersteigen und die Umgebung betrachten. Wenn die ersten kurzen Autofahrten so tolle Ziele haben, wird Autofahren für kaum einen Welpen zum Problem.

mal sehr ablehnend auf fremde Welpen und können sogar beißen. Rüden sind toleranter, aber auch bei ihnen sollten Sie anfangs vorsichtig sein.
Ihr Welpe braucht regelmäßig Hundekontakte, um sich normal zu entwickeln und sich später unter Hunden sicher und friedfertig bewegen zu können.
Ganz ohne Risiko sind diese Hundebegegnungen leider nicht, weil es auch verhaltensgestörte Hunde gibt.
Loben Sie ihn auch unterwegs für seine Pi-Pis und Würstchen und nennen Sie diese wichtigen Produkte ruhig beim Namen: „Feines Pi-Pi, Paddy, fein! Dann wird er Ihnen zuliebe bald auch Pi-Pis auf Ihre Aufforderung hin machen. Kontrollieren Sie, ob der Kot wohlgeformt ist.
Wieder zu Hause, wird er todmüde einschlafen. Dabei möchte er aber auch in Ihrer Nähe sein! Nur im Schutz des Rudels schläft es sich für Welpen gut.
Unterhalten Sie sich mit dem Welpen: „Gleich kommt Steffi aus der Schule!“ „Wo ist denn nur der Ball?“ „Hast du ein feines Bäuchlein.“ (Beim Streicheln) usw. Bald versteht er viel mehr, als Sie anfangs für möglich halten, und was er nicht versteht, hört er einfach gerne.

Eine wichtige neue Erfahrung: Es gibt neben der eigenen Hundefamilie noch andere Hunde! Die Eigenarten der Geschwister kennt der Welpe inzwischen; jetzt muß er lernen, sich auf fremde Hunde einzustellen.

Die Ernährung des Junghundes

... zum Frühstück einen Pferdeapfel

Hunde essen gern, essen gern zuviel und schlingen bedenkenlos Dick- und Krankmacher in sich hinein.

Versorgen Sie Ihr neues Familienmitglied mit Benagbarem, denn sonst bedient es sich anderweitig.

Bedenken Sie, bevor wir in die praktische Ernährung einsteigen: Vorfahre Wolf und Nachkomme Hund sind Fleischfresser oder richtiger Beutetierfresser. Und ein Beutetier ist viel mehr als nur Fleisch, Knochen, Knorpel, Fell und Federn. Maus, Kaninchen, Rebhuhn oder Hase, sie haben alle auch etwas im Bauch: nämlich mehr oder weniger verdaute Vegetarierkost und viele nützliche Bakterien, die diese Nahrung zerkleinern. Und genau diese vorverdaute Pflanzenkost ist für den Hund ein wichtiger Nahrungsanteil. Er findet die gefüllten Därme so lecker wie Sie vielleicht die Äpfel im Bauch der Weihnachtsgans.
Außer rohem, ungewaschenem Pansen und Blättermagen mit ihren wichtigen Wirkstoffen können wir unserem Hund heute nur noch selten Gedärme mit Inhalt bieten, aber wir müssen ihm einen Anteil an schon gut aufgeschlossener Pflanzennahrung geben. Das heißt, wir müssen die vegetarische Kost so vorbereiten (zerkleinern, kochen, Öl zufügen), daß das Verdauungssystem des Hundes an die darin enthaltenen Inhaltsstoffe überhaupt herankommen und sie nutzen kann.
Die ausschließliche Fütterung von Fleisch würde zu Mangelerscheinungen führen!
Verantwortungsbewußte Züchter verwenden große Sorgfalt auf die Auswahl und Zusammenstellung des Zufutters (ab ca. 5. Woche zur Muttermilch), denn Ernährungsfehler während der Welpen- und Junghundzeit können irreparablen Schaden anrichten.

ERNÄHRUNG NACH DER ÜBERNAHME

Wenn Sie Ihren Welpen bei einem guten Züchter kaufen, sollten Sie seine Ernährungsratschläge befolgen und den Welpen weiterfüttern, wie er es gewohnt ist. Wenn Ihnen zu Hause Zweifel kommen, ob Sie wirklich alles richtig machen, rufen Sie getrost beim Züchter an, das nimmt der Ihnen bestimmt nicht übel.

Ihm liegt schließlich das weitere Wohlergehen seiner Welpen am Herzen, und er ist froh, wenn der Kontakt nicht abreißt.
Langfristig gesehen sollten Sie sich darüber informieren, was für Ihren Hund gesund ist.
An vielen Stellen der Welt müssen sich auch heute noch die meisten Hunde selbst mit Nahrung versorgen; von den Menschen bekommen sie bestenfalls Abfälle. Der Stadthund der Industrieländer dagegen hat kaum noch eine Chance, genüßlich einen Pferdeapfel zu verzehren oder Mäusebabys, die er ausgebuddelt hat, oder Hagebutten vom Strauch oder breite harte Grashalme.
Für unsere Wohlstandshunde entscheiden ausschließlich wir, was in den Napf kommt. Und wir tun sicher gut daran, wenn wir ihn nicht überall „rumfressen" lassen: Die Maus könnte Rattengift im Bauch haben, die Grashalme könnten Insektizide abbekommen haben, mit denen die Nutzpflanzen eingenebelt wurden, die daneben stehen.
Der Pferdeapfel oder Hasenködel wäre allerdings eine echte Nahrungsbereicherung - auch wenn Sie das vielleicht nicht gerne hören!

Büffelhautknochen sind ein herrliches Kauvergnügen und pflegen das Gebiß.

HOCHWERTIGES FERTIGFUTTER

Für viele Wohlstandshunde ist das Fastfood-Zeitalter angebrochen: Man muß nur einmal an der Lasche ziehen, und schon entströmt der Dose oder dem Alu-Portionsschälchen ein für Menschennasen angenehmer Duft. Man kann auch einfach ein paar Hände voll Trockenfutter greifen, es den Hund knuspern lassen oder es einweichen, und schon ist der Wohlstandshund versorgt ...

Nun ist es mit dem Hundefutter nicht wie mit dem eher verpönten labberigen Fastfood für Menschen, das im Ruf steht, nicht gerade gesund zu sein: Die Hundefutterindustrie befindet sich im harten Kampf um Anteile an diesem gewaltigen Markt. Die seriösen Hersteller stellen sicher, daß in ihrem Futter (Dosenfutter wie Trockenfutter) alles drin ist, was den Hund gesund und fit hält. Auf das Problem der BSE-Rinder haben offenbar zumindest die namhaften

Hundefutterhersteller bereits reagiert: Sie verwenden kein Rindfleisch aus Großbritannien.

SELBST ZUSAMMENGESTELLTES FUTTER

Sie können vollwertige Kost selbst zubereiten - keinesfalls aber mit Küchenabfällen oder mit Leckereien aus Ihrer eigenen Ernährung. Beachten Sie dabei:

- Fleisch von Pferd, Schaf, Rind, Wild, Geflügel und Fisch ist geeignet. Verwenden Sie möglichst keine Innereien wie Leber und Niere. Sie speichern zu viele Giftstoffe.
- Rohes Fleisch - auch wenn schon etwas angegangen - ist für den Hund zwar am leichtesten verdaulich, aber Krankheiten können so übertragen werden.
- Schweinefleisch darf auf gar keinen Fall roh oder halbgar gefüttert werden, weil es eine für den Hund tödliche Krankheit übertragen kann.
- Gekochtes Fleisch darf nicht alt werden.
- Ungereinigter Pansen ist durch darin enthaltene Bakterien und Fermente so gesund. Gekocht bleiben nur die Nährstoffe erhalten.
- Günstig zum Untermischen sind weichgekochter Naturreis, Nudeln, Hirsebrei, Bio-Hundeflocken aus Gemüse und Getreide (aus dem Zoofachgeschäft), gekochte Möhren, geriebener Apfel, zerdrückte Banane, Petersilie, Knoblauch, ab und zu rohes Eigelb. (Rohes Eiweiß dagegen ist schädlich!)
- Das Mischverhältnis Fleisch - Beikost sollte in etwas zwei Drittel zu einem Drittel betragen.
- Ein paar Tropfen kaltgepreßtes Distelöl (je nach Größe des Welpen bis zu einem Eßlöffel) machen die Mahlzeit leichter verdaulich.
- Gesäuerte Milchprodukte

Das Schnauzenlecken soll der Mutter anfangs Futter entlocken, später wird es als Begrüßung oder Verständigung vom Rangniederen gegenüber dem Höhergestellten benutzt.

Die meisten Welpen sind verfressen und fressen ihre Mahlzeit gierig auf. Mäkeligen Typen sollte man das Futter, das sie übriglassen, nach ein paar Minuten wieder wegnehmen.

(Joghurt, Quark, Hüttenkäse) enthalten gesundes Eiweiß, wichtige Bakterien und viel Kalzium (Knochenaufbau!).

► Gekochtes Fleisch sollte man sparsam mit Jodsalz salzen, rohes Fleisch braucht kein Salz.

► Fügen Sie dem Futter Mineralkalk-Präparate speziell für Welpen nach Anweisung des Herstellers hinzu. Dosieren Sie keinesfalls höher!

Das große Plus der selbst zubereiteten Kost ist die Frische, sind die naturbelassenen Bestandteile, die natürlichen Vitamine, sind nicht zuletzt die lebenden Bakterien. Vermeiden Sie

KLEINES ERNÄHRUNGS-LEXIKON

Alleinfutter: es enthält alle Nahrungsbestandteile in einem ausgewogenen Verhältnis. Nichts weiter hinzugeben!

Antioxidantien: synthetisch oder natürlich; verhindern, daß das Fett im Trockenfutter ranzig wird.

Ergänzungsfutter: Futtermittel, mit denen der Hund nicht ausschließlich ernährt werden kann, z.B. Getreideflocken, die zum Fleisch zugegeben werden, oder Vitamin- und Mineralstoffpräparate.

EWG-Zusatzstoffe: Sammelbegriff für alle deklarationspflichtigen Zusatzstoffe wie Konservierungsstoffe, künstliche Farbstoffe, Emulgatoren, Antioxydantien.

Feuchtigkeit: der Gehalt ist in Trocken- und Dosenfutter unterschiedlich; von Trockenfutter benötigt der Welpe viel weniger, um die gleiche Energiemenge aufzunehmen.

fleischige Brocken: zerkleinertes Fleisch und Getreide, das wieder in Form gepreßt wurde.

Mindesthaltbarkeitsdatum: wichtig, weil die Haltbarkeit der Vitamine begrenzt ist.

pflanzlicher Eiweißextrakt: kann z.B. aus Soja sein.

Rohasche: Mineralstoffe, die beim Verbrennen des Futters bei 600 °C übrigbleiben würden.

Rohfaser: unverdauliche Ballaststoffe.

tierische Nebenprodukte: Fell, Hufe, Knochen u.ä.

Ab und zu beißen sich die meisten Hunde Grashalme ab. Sie wählen sich breite, lange Halme aus und schlucken sie mangels Kauzähnen ganz hinunter. Häufig würgen sie das Bündel Halme nach kurzer Zeit wieder aus, möglicherweise mit unverdaulichen Resten aus dem Magen. Lassen Sie den Hund ruhig Gras fressen, nur nicht an Feldrändern (Vergiftungsgefahr!).

Mangelernährung, indem Sie abwechslungsreich füttern.
Sinnvoll ist es, eine Mahlzeit am Tag selbst zuzubereiten und sonst Fertigfutter zu geben.

FÜTTERUNGS-TIPS

Lesen Sie die Packungsaufschriften kritisch. Holen Sie sich lieber einmal zuviel Rat vom Züchter, Tierarzt oder Zoofachhändler.
Wenn Sie ein Fertigfutter in die engere Wahl gezogen haben, können Sie sich auch beim Hersteller erkundigen. Einige Firmen haben sogar ein Kundentelefon.
Schon mit ca. sieben Monaten haben die meisten Rassen das Hauptgrößenwachstum abgeschlossen und stecken in der Pubertät, deshalb ist gerade in den ersten Monaten, die der Welpe bei Ihnen ist, die Ernährung so enorm wichtig. Je größer Ihr Welpe einmal werden wird, um so folgenschwerer ist Mangelernährung. Andererseits darf man so ein Riesenbaby keinesfalls überfüttern, im Gegenteil. Die Richtlinie muß sein: optimale Futterzusammensetzung und zurückhaltend füttern!
Für großwüchsige Welpen finden Sie Spezial-Aufzuchtfutter im Angebot.
Für jedes Alter, für jeden Aktivitätsgrad (und auch als Diät bei vielen Krankheiten) gibt es spezielle Fertigfutter:
Geben Sie zunächst Welpenfutter, dann Futter für den heranwachsenden Hund und schließlich solches für erwachsene Hunde. Bitte richten Sie sich nach den Hinweisen der Hersteller, da die Futtermengen und auch der Zeitpunkt für den Wechsel von einem Futtermittel auf das andere von Marke zu Marke unterschiedlich sind.
Genaue Mengenangaben kann man nicht machen: Je nach Größe, Temperament, Fellart und Haltungsbedingungen benötigen Hunde sehr unterschiedlich viel Futter. Es gibt gute und schlechte Futterverwerter.

Kleine Rassen brauchen im Verhältnis deutlich mehr Futter als sehr große. Welpen kleiner und mittelgroßer Rassen sollte man nach Appetit essen lassen, aber keinesfalls seinen Ehrgeiz daran setzen, möglichst viel hineinzufüllen. Es ist ein Irrtum, daß ein dicker Welpe später ein Prachtkerl wird.
Wenn Sie Ihrem Hund ein als „Alleinfuttermittel" bezeichnetes Futter geben, heißt das, daß da wirklich alles drin ist, was er braucht. Füllen Sie ihn bitte nicht noch zusätzlich mit Vitamin- und Mineralpillen voll. Ein Zuviel an Mineralien kann z.B. zu Ablagerungen in den Gelenken des Junghundes führen. Dagegen können Sie schon mal einen Apfel, Petersilie, gedünstete Möhre, einen Löffel Hirsebrei oder weichen Naturreis, etwas Hüttenkäse o.ä. dazugeben, aber bitte reichern Sie die Nahrung nicht zu stark mit Eiweiß an. Der Welpe sollte in den ersten Wochen nach Übernahme noch vier Mahlzeiten bekommen, dann können Sie nach und nach auf drei und beim ca. 9 bis 12 Monate alten Hund auf zwei Mahlzeiten übergehen.
Füttern Sie möglichst immer zu den gleichen Zeiten, bieten Sie das Futter lauwarm an (Dosenfutter mindestens zimmerwarm, nicht aus dem Kühlschrank), stellen Sie es einem großwüchsigen Welpen auf einen Ständer, damit er sich beim Fressen nicht so bücken muß, das soll nicht gut sein.
Lassen Sie übriggebliebenes Feuchtfutter nicht stehen, weil es schnell verdirbt. Trockenfutter dagegen kann man den Welpen ruhig nach seinem eigenen Rhythmus fressen lassen. Frisches Wasser in einem großen Gefäß sollte immer bereitstehen. Wechseln Sie es an warmen Tagen mehrmals täglich. Wenn Sie Trockenfutter füttern, muß Ihr Hund natürlich mehr trinken.
Neben diesen Mahlzeiten braucht der Welpe unbedingt Büffelhaut-Kauknochen, getrocknete Bullenpesel, harte Hundekuchen u.ä. zum Kauen. Mit ca. vier bis fünf Monaten ist er im Zahnwechsel und hat dann ein besonders starkes Kaubedürfnis.
Knochen führen leicht zu Verletzungen und üblen Verstopfungen. Röhrenknochen vom Geflügel sollten absolut tabu sein. Jeder gekochte Knochen wird spröde und damit gefährlich. Rechnen Sie die Belohnungshäppchen in die tägliche Futterration mit ein.

Beim Benagen von Objekten geht es meist schmierig zu, deshalb ist der Garten für solche Aktivitäten ideal.

Das Schlabbern an Gartenschläuchen, Vogeltränken und aus Gartenteichen ist ein Stück Lebenserfahrung.

Rohe Möhren, Äpfel und frische Zweige (nicht von giftigen Pflanzen!) sind für Welpen ideal zum Zerkauen.

Die richtige Körperpflege und Hygiene

Pflege bedeutet für den Welpen nicht nur Kämmen und Bürsten, sondern auch vielfältige Eindrücke, Erlebnisse und intensiven, positiven Kontakt zu seinen Menschen.

PFLEGE DURCH LEBENSWEISE

Ausgewogene Ernährung, tägliche Erlebnis-Touren bei jedem Wetter, einen trockenen Ruheplatz, dazu viel positiven Kontakt zu seinen Menschen mit ausgiebigen Spiel- und Schmusezeiten – das braucht der junge Hund, um seelisch und körperlich gesund erwachsen zu werden. Ob er es bekommt, hängt ganz von Ihnen als Halter ab!

Gewöhnen Sie dem Welpen nicht alles ab, was ihm Spaß macht! Die meisten Welpen genießen das Buddeln, Wälzen und Planschen in Matsch und Dreck. Meistens ist es harmloser, natürlicher Schmutz, der aus dem Welpenfell wieder herausrieselt, wenn es trocknet.

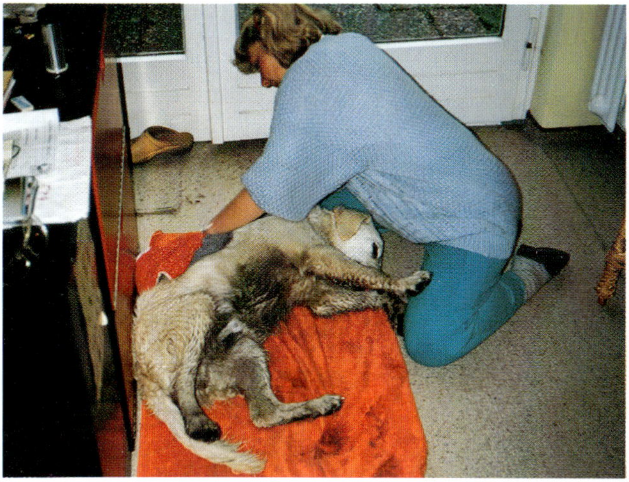

In der Theorie ist jeder gern großzügig und tolerant. Wenn so ein panierter Junghund dann aber Realität ist ...

TIPS FÜR DIE ERLEBNISTOUREN

Nach dem Schlafen und Essen muß jeder Welpe schnell zum Lösen nach draußen. Manchmal muß er eine Viertelstunde später schon wieder. Glauben Sie ihm bitte, wenn er Ihnen das durch Unruhe, durch Umhersuchen und durch einen verinnerlichten Gesichtsausdruck mitteilt, und beeilen Sie sich dann! Am besten nehmen Sie ihn, während Sie nach dem Hausschlüssel suchen oder

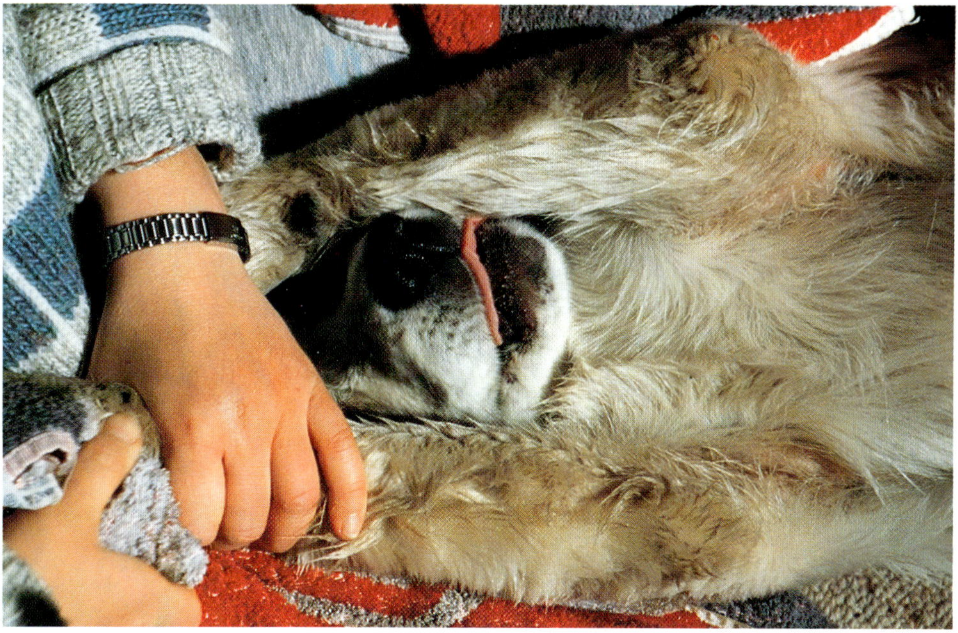

Bitte nicht gleich baden! Abrubbeln und notfalls die Unterseite mit klarem, lauwarmem Wasser abspülen reicht völlig. Abrubbeln genießt der Welpe, wenn Sie nicht zu grob dabei sind. Er wird gern ein Spiel um die Beute Handtuch daraus machen.

in Ihre Schuhe steigen, auf den Arm. So dichten Sie ihn erst einmal ab, denn in solcher Lebenslage macht kein Welpe etwas.

► Geben Sie ihm draußen immer auch die Zeit zu schnuppern, zu horchen und zu beobachten: Autos, Kinderwagen, Fahrräder, Vögel, wehende Blätter, andere Menschen, alles ist für ihn neu und sehr interessant. Wenn Sie ihn jeweils sofort nach seinen Geschäften wieder schnappen und in die Wohnung tragen, kann das schlaue Kerlchen daraus schnell lernen, daß es lieber erst mal nichts machen sollte, wenn es noch draußen bleiben möchte. Unterschätzen Sie die Intelligenz Ihres kleinen Hundes nicht!

► Suchen Sie auf Hundewiesen, in Hundesportvereinen, über den Züchter, vielleicht auch über eine Kleinanzeige im Lokalblättchen, Kontakte zu anderen Junghundbesitzern. Verabreden Sie sich. Ihr Welpe und Junghund braucht regelmäßig die Gelegenheit zum Spielen mit anderen jungen Hunden, um ein verläßlicher Erwachsener zu werden, der friedlich mit Artgenossen umgeht. Grundfalsch wäre es, sich zu sagen: Ich lasse den Welpen erst einmal ein paar Monate ohne Hundekontakt aufwachsen, dann ist er schon größer und kommt besser mit anderen Hunden klar. Welpen brauchen gerade nach der Abgabe durch den Züchter Umgang mit anderen Hunden; denn in diesen Wochen lernen sie fürs Leben. Was Sie in diesen Wochen versäumen, können Sie später nur mühsam oder gar nicht nachholen.

Am sinnvollsten verlegt man das Bürsten, Kämmen und Striegeln nach draußen. Wenn Sie den Kleinen unvorsichtig ziepen, verliert er schnell jeden Spaß daran. Anfangs geht es weniger um die Fellpflege, sondern um die geduldige Gewöhnung an Kamm und Bürste.

► Wenn vom Züchter oder Vereinen „Welpenspieltage" angeboten werden, nutzen Sie sie. Mensch und Hund lernen dort viel! Am meisten lernt der Welpe von den anderen Junghunden. Mischen Sie sich nicht zu oft ein!

► Machen Sie keine zu langen Spaziergänge.

► Lassen Sie den Junghund nicht neben dem Rad herlaufen.

► Gesunde Junghunde brauchen auch bei Kälte und Regen keine Schutzkleidung. Man muß sie nur in Bewegung halten und darf nicht zu lange draußen bleiben.

▶ Rubbeln Sie den Hund nach dem Regenspaziergang mit einem Frotteetuch gründlich trocken.

▶ Lassen Sie ihn nicht naß im Kalten warten.

TIPS FÜR SEIN LAGER

▶ Alte Wolldecken und Schaffelle sind für sein Körbchen bestens geeignet. Neue Hundekissen enthalten, wie andere neue Sachen auch, oft Imprägnierstoffe, die Babies Haut reizen können. Sie sollten deshalb vor Gebrauch gewaschen werden. Alle Schlafdecken müssen waschbar sein.

▶ Wählen Sie deshalb auch einen naturbelassenen Korb, der nicht mit einem Billig-Lack behandelt ist und entsprechend glänzt!

▶ Machen Sie Ihrem Welpen klar, daß er den Korb nicht zerbeißen darf (Weidenstückchen können sich im Hals verklemmen!).

▶ Das Hundelager sollte an einer geschützten, ruhigen Stelle, möglichst nicht direkt neben der Heizung stehen.

▶ Akzeptieren Sie, wenn der Welpe lieber unter dem Couchtisch schläft.

TIPS ZU POSITIVEN KONTAKTEN

▶ Miteinander Reden macht den Hund zufrieden, auch wenn er manches nicht so ganz wörtlich versteht.

▶ Gemeinsame Hobbys wie Agility, Breitensport, Apportieren tun Seele und Körper gut.

▶ Gemeinsame Nächte verbinden.

Wenn Sie ein weitgehend „naturbelassenes Hundemodell“ haben, brauchen Sie kaum mehr als diese Pflege allein durch die Lebensweise!

PRAKTISCHE KÖRPERPFLEGE-TIPS

Gewöhnen Sie den Welpen von Anfang an an eine sanfte Körperpflege. Wenn Sie dem Kleinen dabei weh tun oder ihn erschrecken oder auch einfach nur seine Geduld überstrapazieren, wird ihm vielleicht das „Herumgemache“ an ihm sehr zuwider.

▶ Welpen haben ein kurzes oder teddyartiges, praktisches Babyfell, das bei sauberen Haltungsbedingungen keine Pflege braucht. Das Bürsten oder das Striegeln mit einem Gumminoppen-Striegel ist aber als Massage gut, und der Kleine soll sich ja daran gewöhnen.

▶ Bei Kurzhaar- und Stockhaarhunden reicht auch später das gelegentliche Bürsten oder Striegeln, notfalls sogar regelmäßiges Abrubbeln mit einem Frotteetuch, und intensives Kraulen und Streicheln. Das kurze Fell verfilzt nicht, und lose Haare fallen einfach heraus.

Wenn Sie die Pflege auf einen Tisch verlegen, ist das für Sie rückenschonend und schafft für den Welpen klare äußere Bedingungen, die ihm das Stillhalten erleichtern. Aber Vorsicht! Er könnte versuchen zu springen! Dieser junge Bearded Collie braucht später sehr intensive Fellpflege.

► Für Welpen, die später zu wuscheligen oder wolligen Pelztieren werden, ist die Gewöhnung an die Fellpflege besonders wichtig: Einen erwachsenen Bobtail, Collie oder Chow Chow mit Spezialbürsten und Kämmen zu bearbeiten, braucht viel Zeit und einen duldsamen Hund!

► Rassen, die vom Friseur abhängig sind, müssen früh lernen, von fremden Menschen an sich herumarbeiten zu lassen. Kein Hund findet das schön!

► Lassen Sie Ihr Hundekind ungebadet erwachsen werden! Jedes Bad schadet dem Welpen und bringt Erkältungsgefahr mit sich. Ohne störendes Bad bekommt er ein Haarkleid mit einer schmutzabweisenden Schutzschicht, und er entwickelt mit dem Erwachsenwerden weniger Hundegeruch als ein häufig gebadeter Rassegenosse.

► Das Bad des Welpen sollte eine Notfallmaßnahme bleiben, wenn er sich z.B. in einem halb verwesten Vogel gewälzt hat. Stellen Sie ihn dazu in eine mit handwarmem Wasser soweit gefüllte Wanne, daß ihm das Wasser bis zum Bauch geht. Übergießen Sie seinen Rücken vorsichtig mit Wasser. Benutzen Sie dazu einen Becher. Der Kopf des Welpen sollte auf alle Fälle trocken bleiben. Verdünnen Sie wenig (!) unparfümiertes Hundeshampoo im Becher und schäumen Sie den Welpen damit ein. Reden Sie wasserscheuen Hunden beruhigend zu und machen Sie aus dem Bad keine Schimpf- und Strafaktion!

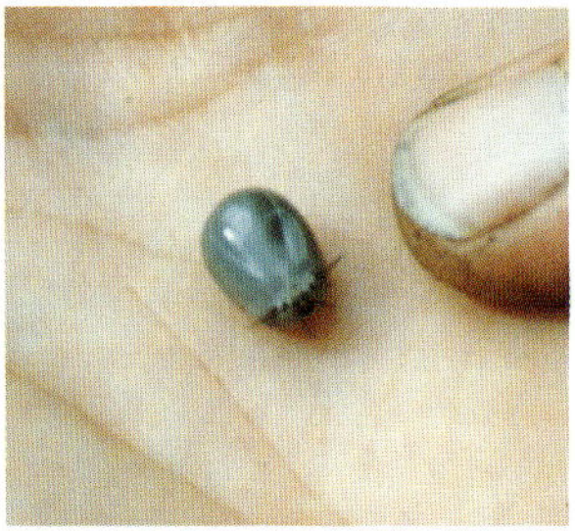

Die glänzende Perle ist eine prall vollgetankte Zecke. In diesem Zustand läßt sie sich vom Hund abfallen und kann sich auf ihren winzigen Beinen sogar noch fortbewegen.

So viele Zecken können Sie möglicherweise innerhalb weniger Tage von Ihrem Junghund absammeln, wenn Sie mit ihm im Sommer in Zeckengebieten spazierengehen.

Spülen Sie sein Fell gründlich nach. Manche Hunde ertragen dabei eine sanfte Dusche, das müssen Sie ausprobieren. Rubbeln Sie den Kleinen danach gründlich mit Frotteetüchern und spielen Sie mit ihm, damit er bein Trocknen nicht fröstelt. Lassen Sie ihn an kalten Tagen erst nach draußen, wenn er durchgetrocknet ist!

► Normaler Dreck wie Lehm, Gartenmatsch o.ä. ist absolut kein Grund zum Baden! Erlaubt ist, von seinem Bauch und den Beinen das Gröbste mit klarem Wasser abzuspülen.

► Sollte Ihr Junghund schon Hundefrisör-Kontakte haben, versuchen Sie auch dort zu erreichen, daß er ungebadet verschönt wird.

► Bohren Sie nicht mit Wattestäbchen o.ä. im Hundeohr herum! Im Normalfall ist das Ohr selbstreinigend. Bei Milbenbefall, Entzündungen (schlappohrige Hunde!) oder Verletzungen hilft der Tierarzt.

► Die spitzen Welpenkrallen werden nach und nach stabiler und laufen sich stumpf. Nur die „Daumen"-krallen an den Vorderpfoten müssen gekürzt werden. Feilen Sie vorsichtig, wenn Ihnen das Schneiden unheimlich ist, oder lassen Sie es den Tierarzt machen.

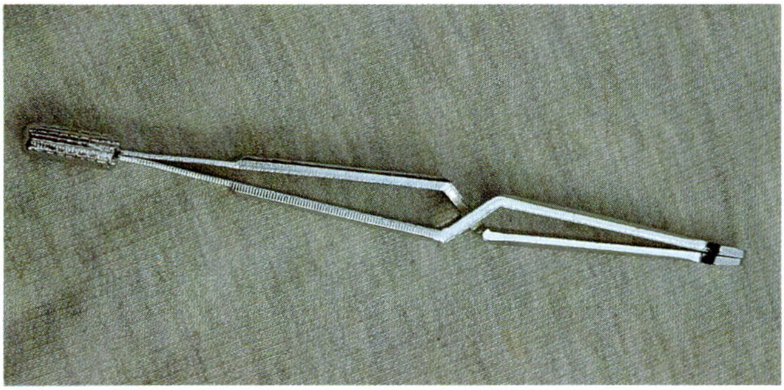

Ein ideales Hilfsmittel, um Zecken aus der Hundehaut zu lösen. Mit sicherem Griff wird die Zecke heil und vollständig entfernt.

▶ Zähne putzt der Welpe durch das Nagen an Kauknochen.
▶ Achten Sie beim Zahnwechsel darauf, daß alle Milchzähne wirklich ausfallen und die neuen nicht notgedrungen daneben hervorwachsen. (Notfalls zieht sie der Tierarzt.)
▶ Gesunde Augen tränen nicht! Wenn Ihr Welpe länger anhaltend tränende Augen hat, klären Sie beim Tierarzt, ob z.B.Wimpern nach innen wachsen. Vielleicht liegt auch eine Allergie vor.
▶ Wischen Sie morgens vorsichtig mit dem Finger den inneren Augenwinkel aus, sonst können die Absonderungen zu verklebten Haaren führen.

ZECKE, FLOH UND CO.

Braun, flink und schon weg, wenn man das zweite Mal hinguckt: das ist der Floh. Am ehesten bekommt man ihn zu Gesicht, wenn er auf der Stirn des Hundes kurz einmal aus dem Fell auftaucht, und man hat dann sogar gute Chancen, ihn mit entschlossenem „Pinzettengriff" von Zeigefinger und Daumen zu fangen. Zerdrücken läßt er sich schwerlich, deshalb sollte man den Griff erst unter Wasser wieder lösen.
▶ Schwarze Krümel im Fell, die sich rötlich färben, wenn man sie auf Papier zerdrückt, sind Flohkot mit unverdauten Blutresten. Flöhe trinken nämlich mehr Blut, als sie verdauen können.
▶ Schädigen Sie Ihren Welpen nicht mit einem Flohhalsband! Jedes Beiblatt warnt davor, Kleinkinder mit dem Giftband in Kontakt kommen zu lassen! Ihrem Welpen schadet es nicht weniger!
▶ Bei begründetem Verdacht auf Flohbefall kämmen Sie den Kleinen wiederholt sorgfältig mit einem Flohkamm (Zoofachgeschäft).
▶ Flöhe haben das ganze Jahr Saison, weil sich der Flohnachwuchs aus Eiern an warmen, verborgenen Plätzen in der Wohnung, in Ställen u.ä. entwickelt. Der Staubsauger ist der Feind des Flohnachwuchses. Sehr gründliches Saugen mit hoher Saugkraft ist eine unschädliche Waffe gegen Floheier und in Ritzen lauernden Nachwuchs.
▶ Für den Sprungkünstler ist die Übersiedlung von Hund zu Hund ein Katzensprung, besser Flohsprung.
▶ Flöhe können Bandwürmer auf den Hund übertragen. (Regelmäßige Wurmkuren, Kotkontrolle auf Bandwurmglieder im Kot!).

ERBSE MIT BEINEN

Die bläulich schimmernde erbsengroße „Warze", die der Welpe vor kurzem noch nicht hatte, ist eine Zecke!
▶ Zeckenzeit ist ca. von März bis Herbst. Hungrige Zecken lauern auf Büschen u.ä. und lassen sich auf geeignete „Tankstellen" fallen, wenn diese vorbeistreifen. Einmal Volltanken reicht fürs Leben.

Mit ca. 12 Wochen müssen Sie mit dem Welpen zur ersten Wiederholungsimpfung. Wenn der Tierarzt den Welpen freundlich begrüßt, hilft er mit, ein gutes Verhältnis zu schaffen. Und das erleichtert spätere Tierarztbesuche entscheidend.

▸ Zecken sind langsam, können nicht springen, brauchen Stunden, um sich unmerklich am Hund festzubeißen.

▸ Wenn sie noch leer und suchend im Hundefell krabbeln, sind sie klein und schwarz oder mit rötlichem Körper. Sie können sie einfach absammeln.

▸ Zecken, die in der Haut festsitzen, entfernen Sie problemlos mit einer Zekkenzange (Zoofachgeschäft), indem Sie den Körper mit der Zange umfassen und ohne heftigen Ruck nach links drehen.

▸ Zecken, die an Problemstellen wie Augenlid, Penis, im Ohr oder an den Lefzen sitzen, muß man wenigstens so lange Blut trinken lassen (ein paar Stunden), bis ihr Körper eine gut greifbare Größe hat. Wenn sie randvoll getrunken sind, lassen sie sich auch von alleine abfallen. Das ist immer noch besser, als wenn die Zecke beim unsachgemäßen Entfernen zerreißt und der Kopf in der Haut bleibt und zu Entzündungen führt.

▸ Vergessen Sie, was Sie womöglich über das Betupfen der Zecke mit Öl, Klebstoff o.ä. gehört haben. Das löst bei den Zecken Alarm aus, und sie spucken, was sie an Giftstoffen in sich tragen, in die Saugwunde. Da sie Hirnhautentzündung und Borreliose übertragen können, sollte man diese Reaktion möglichst verhindern.

▸ Ständiges Kratzen des Welpen und kahle Stellen im Fell deuten auf einen Milben- oder Pilzbefall hin, vielleicht auch auf eine Allergie. Lassen Sie das umgehend vom Tierarzt klären und gezielt behandeln.

TIERARZTBESUCH UND IMPFUNGEN

Regelmäßige Tierarztbesuche ergeben sich schon durch die wichtigen Impfungen, und leider verläuft kein Hundeleben ohne kleine oder auch ernstere Krankheiten und Verletzungen, die den Tierarzt nötig machen.

▸ Welpen entwickeln – auch rasseabhängig – nur allzu leicht große Ängste vor dem Tierarzt, die spätere Besuche für den Hund und seinen Menschen sehr belastend machen und dem Tierarzt Diagnose und Behandlung erschweren.

▸ Suchen Sie sich eine Praxis aus, in der der Arzt neben Fachkompetenz auch

Einfühlungsvermögen in die Psyche des Hundes besitzt und auf ihn eingeht. Auch ein Belohnungshäppchen nach der Behandlung aus der Hand des Tierarztes kann einem verfressenen Hund sehr imponieren. Hören Sie sich bei Hundebesitzern über die Tierärzte in der Umgebung um.

▶ Zur ersten Wiederholungsimpfung (Staupe, Hepatitis, Leptospirose und Parvovirose) müssen Sie mit Ihrem Welpen gehen, wenn er ca. 12 Wochen alt ist. Einige Tierärzte impfen dann auch schon gegen Tollwut; andere warten damit noch ein paar Monate, wenn das Wohngebiet z.Z. nicht tollwutgefährdet ist und keine Auslandsreise oder Hundeausstellung ansteht. Vergessen Sie nicht, den Impfpaß!

▶ Lassen Sie an den Tagen nach der Impfung für den Welpen alles etwas ruhiger angehen, schließlich soll der kleine Organismus Abwehrstoffe produzieren.

▶ Der Tierarzt wird neben dem Allgemeinzustand auch die Ohren des Welpen untersuchen und bei Rüden, ob beide Hoden schon „abgestiegen" sind. Keine Panik, wenn sie noch nicht im Hodensäckchen sind. Allerdings ist etwa nach dem 8. Monat für Hoden, die dann noch im Bauchraum sind, kein Durchkommen mehr nach unten. Sie sollten in den nächsten Jahren operativ entfernt werden, weil sie entarten können.

▶ Schreiben Sie sich Fragen an den Tierarzt lieber vorher auf, sonst sind Sie schon wieder draußen, wenn sie Ihnen einfallen.

▶ Lassen Sie den Welpen im Wartezimmer nur mit den Hunden Kontakt aufnehmen, von denen Sie sich vergewissert haben, daß sie nichts Ansteckendes haben, oder behalten Sie ihn vorsichtshalber auf dem Schoß.

▶ Fragen Sie nach dem Termin für die nächste Wurmkur, und nehmen Sie gleich die Paste dafür mit.

▶ Erkundigen Sie sich

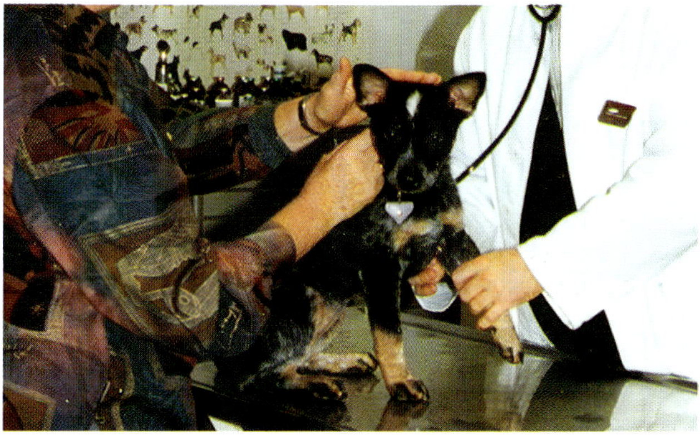

Zunächst wird der Welpe abgehört, seine Ohren und Augen werden kontrolliert; bei Rüden wird gefühlt, ob beide Hoden im Hodensack sind. Der Arzt impft nur, wenn der Welpe einen gesunden Eindruck macht.

IMPFPLAN

Alter	**Impfung gegen**
6– 8 Wochen	Parvovirose, Zwingerhusten
8–10 Wochen	Staupe, HCC, Leptospirose
10–12 Wochen	Parvovirose, Zwingerhusten
12–14 Wochen	Staupe, HCC, Leptospirose, Tollwut
jährliche Wiederholung	Leptospirose, Parvovirose, Zwingerhusten, Tollwut
Wiederholung alle 2 Jahre	Staupe, HCC

vorsorglich nach der Telefonnummer des tierärztlichen Notdienstes (Wochenende und nachts) und schreiben Sie sie zu Ihren wichtigen Telefonnummern.

KRANKHEITS-ZEICHEN

Ein Welpe (Rassehund oder Mischling) mit gesunder Abstammung und artgerechter Kinderstube bringt die besten Voraussetzungen für ein gesundes Hundeleben mit, wenn Sie ihn mit frühestens acht Wochen zu sich nehmen. Ganz anders ist die Situation bei den Welpen von der Straße, den Urlaubsmitbringseln, die man aus Mitleid aufnimmt, und bei den armen Kerlchen aus Massenfabrikationen und Hundehandel, die man aus Unwissenheit oder Dummheit kauft. Oft nur vier bis sechs Wochen alt, kommen diese Babys schon krank und ohne ausreichende Abwehrkräfte zu Ihnen. Ein manchmal langer Leidensweg für Sie und Ihren Hund ist wahrscheinlich.
Kennzeichen eines kranken Welpen: Hager bei gleichzeitig dickem, aufgetriebenem Bauch (Wurmknäuel!), tränende, gerötete Augen, verschleimte Nase, Husten, der klingt, als ob der Kleine etwas im Hals stecken hat, bräunlich verschmutzte Ohrgänge (Milben!), stumpfes Fell mit Schuppen und kahlen Stellen, Abgeschlagenheit, geringe Spiellust, Appetitlosigkeit, wiederholter Durchfall, vielleicht sogar blutig, wiederholtes Erbrechen.
Wenn Sie einen Welpen mit einem oder mehreren dieser Anzeichen haben, gehört er umgehend (!!!) in die Hände eines Tierarztes, denn ein krankes Hundekind kann innerhalb kürzester Zeit sterben. Auch an Wochenenden gibt es einen tierärztlichen Notdienst.
Häufig haben auch schon Junghunde schlimme Gelenkprobleme und gehen lahm. Sie können sich natürlich nur beim Spielen (Vorsicht auf glatten Böden!) verletzt haben, es kann sich beim Humpeln aber leider auch schon um Schmerzen durch eine sehr schwere Hüftgelenkdeformierung (HD) oder durch

Abgesichert durch die Anwesenheit ihres vertrauten Menschen hat das Hundemädchen alles gelassen über sich ergehen lassen. Interessiert und selbstsicher beobachtet es das Geschehen. Wenn es nun vielleicht sogar noch ein Belohnungshäppchen vom Arzt gibt, kommt man gerne wieder!

falsch ausgebildete Kniegelenke handeln. Warten Sie in keinem Fall lange mit dem Gang zum Tierarzt.
Welpen haben ein empfindliches, weil unbehaartes Bäuchlein, an dem sich leicht kleine Pickel bilden. Schießen Sie hier nicht gleich mit Kanonen auf Spatzen: Mit Traumeel-Salbe, Nivea-Creme o.ä. bekommt man sie meistens weg.
Wenn ein properer Welpe bei gutem Allgemeinbefinden mal eine Mahlzeit nicht frißt, einmal spuckt oder auch ein-, zweimal Durchfall hat, geraten Sie nicht gleich in Panik! Das kommt schon mal vor, schließlich verzehrt ein Welpe beim Erobern seiner Welt auch mal was Unrechtes. Häufige Ursache für Magen-Darm-Probleme ist unverträgliches Futter. Haben Sie vielleicht gegen besseres Wissen scharf gewürzte Wurst oder ähnliches gefüttert?
Bei dem Verdacht, daß der Welpe Gift (auch Tabletten, Reinigungsmittel, Insektizide, Kunstdünger) gefressen haben könnte, wenden Sie sich umgehend an einen Tierarzt!
Auch wenn das Allgemeinbefinden des Kleinen vom Normalen abweicht (Abgeschlagenheit, Apathie, große Unruhe, gekrümmte Körperhaltung, Winseln), sollten Sie zum Tierarzt gehen.
Beim Tierarzt sind sie die Stimme ihres Welpen. Wie das Menschenbaby, das ja auch noch nicht über seine Beschwerden sprechen kann, ist auch Ihr Hund auf Ihre gute Beobachtungsgabe und auf Ihre genaue Schilderung beim Arzt angewiesen.
Wenn Sie den Arzt unzureichend oder falsch informieren, kann das eine falsche Behandlung zur Folge haben!

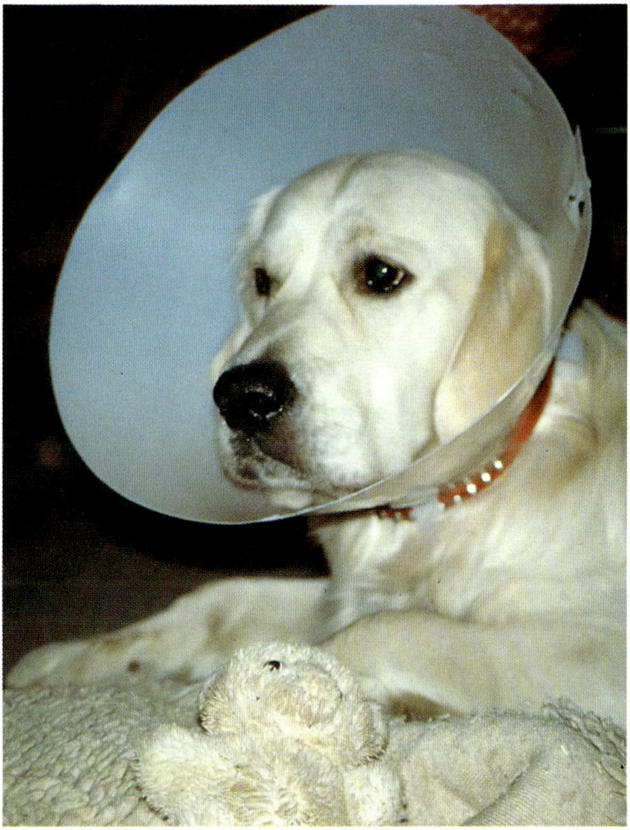

„Wenn meine Menschen mich so behandeln, können sie sich den Teddy als Tröster auch sparen!" Der Kopf im Trichter ist zwar sehr unangenehm, aber so werden Hunde nach Operationen oder bei größeren Verletzungen und Hautreizungen daran gehindert, durch Lecken und Benagen Schaden anzurichten.

Ziel: Zufriedene Menschen und Hunde

Der Welpe will es seinem Menschen recht machen. Durch hundgerechte Erziehung läßt er sich zum erwünschten Verhalten hinführen.

WIE LERNT EIN HUND?

Der Hund ist ein Rudeltier. Von Natur aus bringt er das Bedürfnis mit, in der Gruppe zu leben, sich in die Gruppe einzufügen, allerdings auch - soweit machbar - einen möglichst hohen Platz in der Rangordnung zu erobern. Mensch wie Hund haben eben gern etwas zu sagen und spielen gern mal Chef. Allerdings ist dieses Bedürfnis individuell unterschiedlich stark. Hunde klären ihre Rangordnung in der Regel durch Imponiergehabe: Wer sicher auftritt, ist wer in der Hundewelt. Ernsthafte Beißereien um die Rangordnung sind selten.

Schon bei Mutter und Geschwistern lernt der Welpe Unterordnung. Normalerweise bringt jeder Welpe die Bereitschaft mit, sich dem Menschen unterzuordnen und auf ihn als Boss zu hören. Lassen Sie sich diese Führungsposition nicht aus der Hand nehmen!

Problemhunde können entstehen, wenn der Welpe und Junghund die Erfahrung macht, daß sein Mensch keine Führungsqualitäten hat. Für den Welpen muß von Anfang an ganz selbstverständlich sein, daß seine Menschen

Kräftemessen zwischen noch nicht einmal halbstarken Rüden; dabei wird lautstark geknurrt, und Zähne werden gezeigt. So testen auch erwachsene Rüden untereinander ihre Stärke. Im Normalfall kommt es nicht zu einer Beißerei. Halten Sie sich am besten im Hintergrund, sonst lösen Sie durch Ihr falsches Verhalten gerade die Auseinandersetzung aus, die Sie vermeiden wollten.

Die Begegnung mit einem unbekannten Hund ist für Welpen sehr aufregend und oft unheimlich. Der Fremde macht sich klein, weil er auch nicht der Sicherste ist. Dieses Hinlegen und Abwarten ist keine bedrohliche Haltung, wie oft von unerfahrenen Hundebesitzern gefürchtet wird. Der Welpe täuscht durch Aufstellen der Rückenhaare Größe vor.

den Gang der Dinge bestimmen. Sie bestimmen, wie lange gespielt wird, sie bringen das Futter – und dürfen sich jederzeit zuerst bedienen und es auch wieder wegnehmen, sie haben die erste Wahl beim Aussuchen von Ruheplätzen, sie bestimmen unterwegs, wo es langgeht, sie bestimmen, wer freundlich in die Wohnung gelassen wird usw. Und gleichzeitig sind sie liebevolle Partner, mit denen man, besser Hund, herrlich schmusen kann. Der Mensch hat nämlich etwas ganz Besonderes; er hat Hände zum Streicheln,

Regelmäßige Treffen mit Geschwistern sind Höhepunkte im Welpenleben. Man kennt sich und kann gleich lostoben und spielen. Begegnungen mit anderen Hunden werden bald zur Routine. Das Gruppengefühl vermittelt Sicherheit. Wenn auch noch die Mutter dabei ist, bleibt Erziehung von ihrer Seite nicht aus.

Unheimliche Begegnung: Die Imponierhaltung des Boxers verunsichert die Welpen. Angelegte Ohren, geduckte Haltung, gekrümmter Rücken – alles signalisiert Unterordnung.

Im engen Umfeld des Boxers vollzieht sich der Rückzug im Zeitlupentempo, um bloß keinen Verfolgungstrieb auszulösen. Erst in einigem Abstand traut sich der Welpe zu rennen.

Kraulen und liebevollen Umfassen.
Das Lob seiner Menschen ist für den Welpen ganz wichtig. Vorsicht, es darf nicht nur ein dahingeredetes Lob sein, der Mensch muß sich in diesem Moment auch wirklich über seinen Welpen freuen. Hunde hören das genau heraus.
Eindeutige Reaktionen sind wichtig, die hat der Welpe schon bei der Mutter erfahren: Die hat ihm nie erlaubt, was sie ihm gerade davor verboten hatte. Wenn Sie also einmal „Nein" sagen, dann setzen Sie dieses Nein bitte auch konsequent durch.
Der Welpe ist ein genauer Beobachter: Er weiß deshalb bald, wovor Sie z.B. unterwegs Angst haben, welche Leute Sie nicht mögen, was Sie aufregt oder freut.
Der Welpe ist ein Praktiker: Er lernt durch Erfahrung. Vereinfacht gesagt: Was weh tut oder Angst macht, wird gemieden, was Spaß bringt und gut tut, wird angestrebt. Die „Nehmerqualitäten" der Welpen sind allerdings sehr unterschiedlich, jeder Welpe hat eine andere Persönlichkeit.
Last but not least ist der Welpe in seinem Lernverhalten abhängig von seinen Begabungen: von seiner Intelligenz und von seinen ganz speziellen, angeborenen Neigungen und Charakterzügen. Es gibt dumme und hochintelligente, es gibt lebhafte und träge, es gibt die geborenen Wächter, Jäger, Apportierfans usw.

Ganz entscheidend hängt die Lernbereitschaft und damit auch die Lernfähigkeit vom „Lernklima" ab. In Streß und Angst kann kein Hund gut lernen. Sie können es sicher auch nicht.

STUBENREINHEIT

Wenn Sie einen Welpen zu früh bekommen (jünger als acht Wochen), muß er in der Regel so spontan pieschern, daß er nicht noch große Ortswechsel zustande bringt. Je jünger er ist, um so weniger bekommt er mit, was „da hinten" bei ihm gerade los ist. Genau wie ein Menschenbaby braucht er ein gewisses Bewußtsein, um sein Pfützchen an geeigneter Stelle plazieren zu können. Überfordern Sie das Kerlchen also nicht! Bringen Sie ihn freundlich und geduldig immer dann zu seinem Piescherplatz, wenn Sie meinen, er könnte mal müssen. Reden Sie ihm gut zu, loben Sie ihn überschwenglich, wenn es wirklich klappt, und streicheln Sie ihn anerkennend. Beseitigen Sie mögliche Malheure stillschweigend und gründlich, damit der Welpe nicht, vom Duft animiert, später genau wieder dort ausläuft.
Wenn Sie ihn beim Lösen an unerwünschter Stelle erwischen, nehmen Sie ihn mit einem Nein hoch und tragen Sie ihn dorthin, wo er darf. Ist ihm vor Schreck nicht alles vergangen und er beendet sein Geschäft, wird er natürlich wieder sehr gelobt.

Die Welpen, hier viereinhalb Monate alt, sind unterschiedlich mutig. Die dunkle Hündin ist wieder dichter an der Front als die vier größeren Brüder.

Der große Hund zieht sich zurück. Das provoziert ein „mutiges" Hinterherrennen. Als er aber noch einmal umkehrt und zum Spiel auffordert, rennen alle Welpen schnell weg.

Kein Hund freut sich, wenn er alleine zu Hause gelassen wird. Beim Welpen sind zunächst vertrauensbildende Maßnahmen nötig, bevor er behutsam an kurze Phasen des Alleinseins gewöhnt werden kann.

Ihr Welpe hat die Bereitschaft, es Ihnen recht zu machen. Nehmen Sie sich in den ersten Wochen die Zeit, ihn genau zu beobachten und was er Ihnen mitteilt, ernst zu nehmen, dann wird er schnell stubenrein. Wenn der Kleine mit der Nase am Boden suchend umherläuft, vielleicht sogar noch breitbeiniger als sonst, dann plant er sicher Geschäftliches.
Wenn Sie abends spät noch einmal mit ihm rausgehen, kann er wahrscheinlich schon mit einem Vierteljahr nachts durchhalten. Und sollte er mal müssen, merken Sie das ja, wenn er in Ihrer Nähe schläft und unruhig wird. (Auf sein Lager pieschert ein normaler Welpe nie!)

ARTIG ALLEINBLEIBEN

Nach meiner Erfahrung entwickeln Welpen, die sich als akzeptiertes Rudelmitglied in ihrer Menschenfamilie fühlen, ganz selten Zerstörungsgelüste, wenn ihre Menschen mal nicht da sind: Sie verdösen und verwarten die Zeit.

Ganz wichtig ist, daß sich der Welpe in seiner Umgebung ganz sicher und geborgen fühlt, bevor Sie ihn das erste Mal, natürlich nur für kurze Zeit, alleine lassen. Testen Sie seine Reaktion, indem Sie ganz selbstverständlich mal zum Mülleimer nach draußen gehen oder zu Ihrem Auto.
Machen Sie kein großes Aufheben aus ihrem Weggehen und trösten Sie den Kleinen auf gar keinen Fall schon im vorhinein! Dadurch käme auch der dümmste Welpe auf den Gedanken, daß Ihr Wegge-

hen etwas Schlimmes sein müsse. Für Ihren Welpen ist ganz wichtig, daß er nach diesen kurzen Momenten des Alleinseins die Erfahrung macht: Meine Leute kommen immer wieder. Welpen bringen eine sehr unterschiedliche Bereitschaft mit, allein zu bleiben: Einige akzeptieren es schon nach wenigen Tagen, andere brauchen viele Wochen, bis sie damit klarkommen. Haben Sie Geduld und überfordern Sie Ihren Welpen nicht: Ist er erst einmal in Panik geraten, haben Sie es danach viel schwerer.
Begrüßen Sie ihn immer freundlich, wenn Sie wieder nach Hause kommen ... auch, wenn er inzwischen frustriert einiges angerichtet hat. Schimpfen würde er in seiner Hunde-Denkart sowieso nur mit Ihrer Rückkehr in Zusammenhang bringen, nicht mit seinem „Vergehen".
Lassen Sie ihn in einem für ihn gemütlichen Bereich auf Sie warten. Sperren Sie ihn nicht etwa in den Keller, ins Bad oder an einen ähnlich sträflichen Ort! So behandelt, bekommen nicht nur Hunde Zerstörungslüste!
Das kurzzeitige Alleinsein kann man mit Hunden gut im Auto üben: Das Auto ist ein überschaubarer Raum, von dem aus es etwas zu sehen gibt. Wenn der Mensch dann nur eben Brötchen holen geht oder die Tochter in den Kindergarten bringt, und sein Hund ihn beim Weggehen und gleich darauf beim Wiederkommen beobachten kann, dann warten die meisten Welpen völlig problemlos. Gibt es nach dem Warten neben dem Lob sogar noch eine kleine leckere Belohnung, wartet der Welpe das nächste Mal noch lieber.
Nach wenigen Wochen des gegenseitigen Kennenlernens, nachdem unsere Welpen wußten, welches Benehmen wir von ihnen im Haus erwarteten, hatten sie immer praktisch das ganze Haus für sich, wenn wir weggingen: Wir haben unseren Hausstand immer heil wieder vorgefunden. Sie haben nichts kaputtgemacht, auch nicht, wenn sie zu zweit waren.

MITEINANDER LERNEN

Die Hundevereine bieten schon für Welpen Übungszeiten an. In der Gruppe übt es sich angenehm und

Zunächst sollte man den Kleinen in einem überschaubaren Bereich, in dem er sich auch sonst wohlfühlt, alleine lassen. Bald kann man jedem gut in die Familie integrierten Jundhund den gesamten Wohnbereich anvertrauen.

Jungen Hunden fällt es leichter, zu uns heranzukommen, wenn wir uns klein machen. Mit freundlicher Stimme unterstreichen wir unsere friedliche Gesinnung.

Der Welpe setzt sich „wie von selbst", wenn wir seine Blickrichtung nach oben lenken, hier geschieht es mit einem Belohnungshappen. Gleichzeitig sagen wir ruhig „Siiitz!"

leicht, wenn man einen geeigneten Lehrer hat! Hundeausbilder kann sich jeder nennen; seien Sie also kritisch, und suchen Sie sich einen Ausbilder als Hilfe, dessen Erziehungsstil Ihnen liegt. Haben Sie den Mut, sich zu erkundigen, wie er seine Hundeerfahrungen gemacht hat.
Neben dem Training auf dem Übungsplatz ist das regelmäßige Anwenden des Gelernten in den alltäglichen Situationen wichtig.

KOMM

Bei einem guten Züchter hat der Welpe das Kommando „Komm" immer dann gehört, wenn der Züchter Essen brachte oder Spielzeug oder wenn Schmusezeit angesagt war: Der Welpe verbindet das „Komm" deshalb mit etwas Positivem und wird sich eilig auf den Weg machen und kommen, wenn er Sie freundlich auffordernd rufen hört.
Nun können Sie ihm nicht bei jedem „Komm" eine Mahlzeit oder eine tolle Spielstunde bieten, an diese Stelle muß nach und nach Ihr Lob treten - vielleicht ab und zu verbunden mit einem kleinen Häppchen. Richtig inniges Knuddeln ist für viele Welpen ein besonders deutliches Lob!

Leider kommen Hundebesitzer schrecklich oft auf den abwegigen Gedanken, ihren Hund zu beschimpfen oder gar zu schlagen, wenn er auf ihr Rufen zunächst nicht, schließlich aber doch kommt. Da hört man Gründe wie: „Er ist nicht gleich gekommen! Er hat doch eben ein Kaninchen verfolgt!" Gegen alle Menschenlogik bezieht der Hund die Strafaktionen aber auf sein Kommen, nicht auf das, was davor war. Da er mit dem Kommen so schlechte Erfahrungen macht, wird er das nächste Mal nur ungern und vielleicht nur auf dem Bauche kriechend kommen.

Wir müssen dem Welpen unsere Freude über erwünschtes Verhalten deutlich rüberbringen: durch freudige Stimme, intensives Knuddeln, eine kleine Spielrunde oder ein Häppchen.

„Platz"! Wenn wir mit der Hand auf den Boden klopfen, vielleicht ein Häppchen darin haben oder ein Spielzeug, dann wird er sich wahrscheinlich hinlegen, weil er neugierig ist.

Also immer freundlich bleiben, wenn er kommt!
Den noch jungen Hund sollten Sie nur dann heranrufen, wenn er sowieso schon kommt oder gute Aussicht besteht, daß er reagieren wird.
Denn wenn Sie ihn nicht an der Leine haben, können Sie sonst Ihrer Aufforderung schlecht Nachdruck verleihen, höchstens, indem Sie sich (am besten rennend) von Ihrem Hund entfernen. Wenn er das mitbekommt (und nur dann bringt es etwas), wird er mit großer Sicherheit hinter ihnen herrasen - entweder aus Spieltrieb oder aus Rudelverhalten.

SITZ

„Sitz" macht jeder Welpe fast von selbst, wenn Sie etwas zu essen hochhalten und dabei, optisch unterstützt durch den erhobenen Zeigefinger, „Sitz" sagen. Sie müssen nun geduldig üben, die Sitzzeiten etwas zu verlängern, denn insbesondere einem lebhaften Welpen fällt das Sitzenbleiben schwer. Loben Sie ihn erst, wenn die Übung beendet ist, denn er wird dann aufstehen.
Halten Sie die Übeeinheiten kurz, denn Sie haben es ja mit einem Kind zu tun, das sich noch nicht lange aufs Lernen konzentrieren kann. Und vergessen Sie nie: Lob ist die beste Erziehungshilfe!

WER HAT WEN AN DER LEINE?

In der ersten Zeit sollte die lockere Leine nur als Sicherheitsleine dienen, die den Welpen vor Gefahren (Straßenverkehr, Stacheldraht, Pferden usw.) schützt. In gefahrloser Umgebung folgt Ihnen ein intakter Welpe mit großer Selbstverständlichkeit auch ohne Leine.
Wenn der Welpe an der Leine sehr stark voranzieht, dann bekommen Sie das bestimmt nicht weg, wenn

Anfangs kann es sinnvoll sein, dem Welpen das Halsband „ganz nebenbei" umzutun, denn stillsitzen, um so ein Ding umzubekommen, ist gegen alle Hundelogik.

Bald verbindet der Welpe mit Halsband und Leine auch tolle, lustvolle Unternehmungen. Er wird sich bereitwillig hinsetzen, damit es schnell losgeht.

Sie mit Dauerzug dagegenhalten, im Gegenteil, das verstärkt das Ziehen sogar. Ein kurzer Ruck an der Leine mit anschließendem Lockerlassen hat eher Aussicht auf Erfolg. Auch mit Richtungsänderungen und Sitzübungen kann man den Welpen auf seinen Menschen konzentrieren und den Vorwärtsdrang bremsen.
Keinesfalls sollten Sie mit sogenannten Erziehungshilfen liebäugeln, die den Welpen erheblich quälen können. Stachelhalsband, Würgehalsband, Geschirre mit Druckeinwirkung, Kopfhalfter zur Änderung der Blickrichtung des Hundes – all das sollte für die Erziehung des jungen Hundes tabu sein.

UMWELTVERTRÄGLICHKEIT

Wir alle sind nicht Robinson auf der Insel, wir leben in einer dichtbesiedelten Umwelt. Ihr Welpe, der sich ja zu einem Mitmachertyp entwickeln soll, wird die verschiedenartigsten Kontakte haben: Mit Menschen, anderen Haustieren, Wild, mit Parkanlagen, Gaststätten usw.
Damit Sie den Kleinen, wenn er groß ist, nicht mehr und mehr zu Hause lassen, „weil es sonst doch nur Ärger gibt!", ist die Erziehung zum umweltverträglichen Hund von Anfang an sehr ernst zu nehmen.

WELPE UND MITMENSCHEN

Das Erziehungsziel „Mein Hund soll sich von keinem Fremden anfassen lassen" sollte völlig out sein: Ihr Hund kommt immer wieder in Situationen, wo ihn Fremde, oft auch Kinder, spontan streicheln. Er darf dann auf gar keinen Fall zuschnappen!
Der Hund, der wegen einer Berührung durch Fremde zubeißt, wenn er z.B. – von Ihnen unbeachtet – neben dem Restauranttisch liegt, vor dem Laden wartet, mit Ihnen in einer Menschengruppe steht, an Ihrer Seite am Kantstein anhält, im Bus mitfährt usw., ist wie eine ungesicherte Waffe! Würden Sie etwa eine entsicherte Pistole im Restaurant neben sich legen?
Von Natur aus ist der Welpe durch seine soziale Einstellung dem Rudelchef Mensch gegenüber eine gut gesicherte Waffe. Erhalten Sie diese Absicherung durch eine umwelttaugliche Erziehung! Gewöhnen Sie den Welpen an freundliche Berührungen von hundebegeisterten Fremden.

Seien Sie nicht etwa noch stolz darauf, wenn Ihr Hund sich nur von Ihnen anfassen läßt! Auch ein vorsichtiger Hundetyp, der mißtrauisch gegenüber allem Fremden ist, wird dann solche Berührungen zumindest ertragen.
Haben Sie allerdings einen Welpen, der jeden Fremden freudig anspringt und Kleinkindern stürmisch das Gesicht leckt, dann müssen Sie ihm das abgewöhnen, sonst ist späterer Ärger vorprogrammiert.
Als Mensch haben Sie den größeren Überblick: Wenn Sie die Objekte der Überfälle Ihres Welpen rechtzeitig sichten, nehmen Sie ihn an die Leine oder lenken Sie ihn mit einem Spiel ab, das er noch lieber mag als Leute anzuspringen und abzuschlabbern.
Ist er von Ihnen ein Stück weg und näher an den „Opfern" als Sie und reagiert er auf Ihr (natürlich sehr freundliches Rufen!) nicht, können Sie es noch mit Wegrennen versuchen. Wenn der Kleine das mitbekommt, wird er eilig hinter Ihnen hersausen. Hat er aber gar kein Auge mehr für Sie, wird er leider seinen ach so lieb gemeinten Überfall durchführen.
Auch wenn das vielen Hundehaltern offenbar sehr schwer fällt: Entschuldigen Sie sich bitte bei den Überfallenen und berichten Sie, daß Sie sich sehr bemühen, daß Ihre Erziehung aber noch in den Kinderschuhen steckt. Unsere freundliche Kontaktaufnahme zu Menschen, die unseren Hund nicht so toll finden, wirkt oft Wunder!

Insbesondere für lebhafte Welpen ist „Bei-Fuß-gehen" eine äußerst unangenehme Sache, die an allem hindert, was Spaß bringt.

Da kann man als Welpe nur stillhalten, die Nackenhaare vor Aufregung sträuben ... und aus Erfahrung lernen, daß man solche Begegnungen heil übersteht, wenn man sich richtig benimmt. Schlimm ist es natürlich, wenn ein Welpe einem verhaltensgestörten, bissigen Hund begegnet!

HUND UND MITTIERE

Sehr wichtig ist es, daß unser Welpe lernt, die Enten im Stadtpark genauso wie die wilden Kaninchen unbeachtet links flattern und

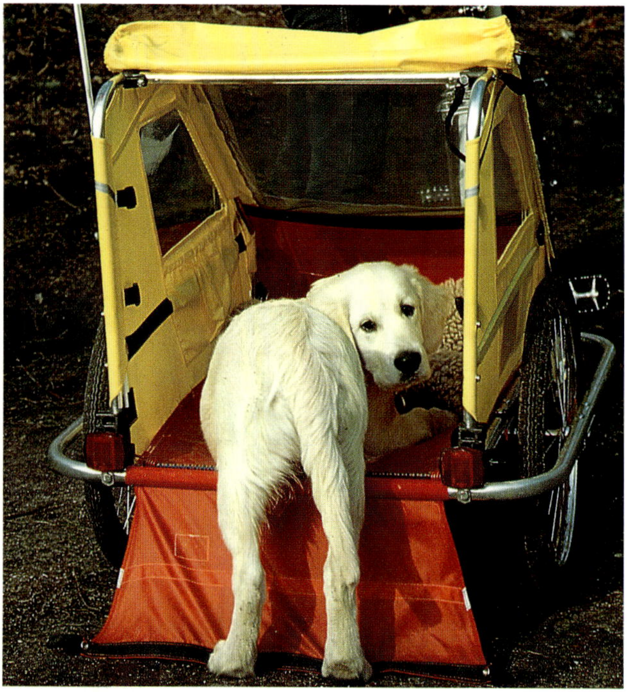

Für größere Hunde eine ideale Mitfahrgelegenheit! Auch ein träger, gehorsamer Hund sollte in so einem Anhänger grundsätzlich angeleint sein, aber so, daß er sich nicht erhängen kann!

hoppeln zu lassen. Die Rehe im Wald darf er auch dann nicht verfolgen, wenn er sie „ja doch nicht erwischt", und Nachbars Katze hat er gefälligst in Ruhe zu lassen.
Wenn Ihr „Nein!" beim frei mitlaufenden Welpen nicht wirkt, dann üben Sie mit langer Leine, damit Sie Ihrem Befehl Nachdruck verleihen können. Vergessen Sie das Loben nicht, auch wenn sich der Erfolg nur mühsam einstellt.

Bedenken Sie: Ihr Einfluß auf den Welpen ist um so größer, je dichter er bei Ihnen ist. Deshalb: Wehren Sie den Anfängen. Greifen Sie möglichst ein, bevor er seine Unternehmung richtig startet. Wenn er einmal rennt, läuft in der Erziehung nicht mehr viel.
Wenn Sie dann hilflos hinter ihm herschreien, lernt der Kleine höchstens, daß hinter Ihrem Lärm nichts als Ihre Hilflosigkeit steckt. Ihr Welpe entwickelt sich hoffentlich durch die regelmäßigen freien Kontakte mit anderen Hunden zu einem verträglichen Typ, der mit anderen Hunden klarkommt. Trotzdem sollten Sie ihn immer anleinen, wenn Ihnen ein angeleinter Hund begegnet. Klären Sie mit ein paar Worten, ob Sie Ihren Welpen loslassen dürfen. Es gibt leider viele Hundehalter, die ihrem Hund nie Kontakte zu anderen Hunden ermöglicht haben, und die sich genau wie ihre Hunde vor freilaufenden Hunden fürchten.

DIE HINTERLASSENSCHAFTEN

Nicht jeder Welpe deponiert die vieldiskutierten Hundehaufen an geeigneter Stelle, oft läßt ihm die Leine oder die Umgebung auch gar nicht die Möglichkeit dazu. Rüsten Sie sich deshalb für die Nachsorge. Bis zur Schäferhundgröße tut es eine Plastik-Frühstückstüte: Hand hinein, das warme, weiche Produkt gegen alle inneren Widerstände greifen, Tüte mit der anderen Hand darüberstreifen – und staunen, daß entgegen allen Befürchtungen die Hände absolut sauber bleiben!
Bei Hunderiesen ist unsere Hand leider als „umfassendes" Greiforgan etwas zu

klein geraten. Zwei Tüten braucht man da schon. Es gibt auch verschiedenartige käufliche Kotgreifer; die meisten sind leider schon als Leergut recht sperrig.
Wenn Sie aber lieber ein Pappschäufelchen benutzen, weil Ihnen das Direkte, Handgreifliche zuwider ist, dann finden Sie im Zoofachhandel das Richtige.
Verständlicherweise sind alle Kotbehälter zumindest kunststoffbeschichtet, weil sonst Durchfeuchtungsprobleme nicht zu vermeiden wären.
In reinen Wohngebieten ist oft der schwierigste Teil der ganzen Aktion, die warme Tüte wieder auf anständige Weise loszuwerden, denn öffentliche Abfallbehälter gibt es dort nur wenige. Da ist man schon in Versuchung, die Tüte wegzuwerfen, „wenn keiner es sieht". Ich bin schon so manchen Kilometer mit der gefüllten Tüte in der Hand gelaufen und kenne das starke Bedürfnis, mich ihrer irgendwie zu entledigen.
Sie können Ihrem Hund die leere Tüte ans Halsband oder an die Leine knoten, so signalisieren Sie jedermann Ihre löbliche Absicht. In Dänemark sieht man das manchmal.
Mit ca. 5 bis 7 Monaten sind die Rüden soweit erwachsen, daß sie anfangen, ihr Bein zu heben, und das auf jedem Spaziergang viele Male: Parkbänke, Zaunpfeiler, Obstkisten vor dem Geschäft, auch Menschenbeine halten sie schon mal für gute Plätze für Ihre wichtigen Düfte! Verbieten können Sie Ihrem Hundejungen diese Informationspinkelei nicht, aber beeinflussen Sie ihn bei der Wahl der Ziele.
Viele Hundehalter gucken immer dann weg, wenn sie besser aktiv werden sollten. Dieser Trick ist aber wahrlich nicht umweltfreundlich!

Wenn auch noch der Freund oder die Freundin mitfährt, wird's eine Tour, die allen Freude macht!

LITERATUR

Becvar, Dr. Wolfgang: Naturheilkunde für Hunde. Stuttgart 1994.
Brehm, Dr. Helga: Gesunde Ernährung für Hunde. Stuttgart 1993.
Brehm, Dr. Helga: Hundekrankheiten. Stuttgart 1995.
Brehm, Dr. Helga: Unser Hund ist krank. 2. Auflage, Stuttgart 1993.
Feddersen-Petersen, Dorit: Hundepsychologie. 3. Auflage, Stuttgart 1989.
Feltmann-von Schroeder, G.: Hund und Mensch im Zwiegespräch. Stuttgart 1993.
Harries, Brigitte: Mein Ökohund. Stuttgart 1993.
Harries, Brigitte und **Jan P. Schniebel:** Ein Hund soll es sein. Stuttgart 1994.
Kejcz, Yvonne: So sag ich's meinem Hund. Stuttgart 1992.
Krämer, Eva-Maria: Das Kosmos-Hundebuch. Stuttgart 1995.
Krämer, Eva-Maria: Der Kosmos-Hundeführer. 2. Auflage, Stuttgart 1991.
Räber, Hans: Enzyklopädie der Rassehunde, Band 1 und Band 2. Stuttgart 1993 und 1995.
Rakow, Dr. Barbara: Der homöopathische Hundedoktor. 3. Auflage, Stuttgart 1992.
Ross, John und **Barbara McKinney:** Hunde verstehen und richtig erziehen. Stuttgart 1994.
Schnabel, Elisabeth: Unser Hund wird gut erzogen. 5. Auflage, Stuttgart 1992.
Teichmann, Peter: ABC der Hundekrankheiten. Augsburg 1991.
Trumler, Eberhard: Der schwierige Hund. Mürlenbach 1986.
Trumler, Eberhard: Mit dem Hund auf du. München 1974.
Wimmer-Kieckbusch, Karin: Freizeit mit dem Hund. Stuttgart 1992.

ADRESSEN

Verband für das deutsche Hundewesen VDH e.V.
Westfalendamm 174
D-44141 Dortmund
Tel.: 02 31-5 65 00-0
Fax: 02 31-59 24 40

Österreichischer Kynologenverband
Johann-Teufel-Gasse 8
A-1238 Wien
Tel.: 02 22-88 70 92
Fax: 02 22-8 89 26 21

Schweizerische Kynologische Gesellschaft SKG
Länggaßstr. 8
CH-3012 Bern
Tel.: 0 31-23 58 19
Fax: 0 31-24 02 15

REGISTER

62

BILDNACHWEIS

Fotos von Horst Bielfeld (3, S. 3, 21o, 40), Hans-Jürgen Fuß (8, S. 31 u, 39 o, 39 u, 47, 57 o, 58, 59 l, 59 r), Gorski Tierfoto (3, S. 8, 20, 29), Juniors Bildarchiv (10, Bohle 34, 53, Brüggemann 38, Kaufmann 7, Köpfle 20, Liebold 33, 56 l, 56 r, Meyer 15, Schanz 37 o), Eva-Maria Krämer (8, S. 9, 10, 23, 41, 54 l, 54 r, 55 l, 55 r), Lothar Lenz (1, S. 1 r), Werner Layer (1, S. 35), Ingeborg Polaschek (1, S. 43), Reinhard-Tierfoto (6, S. 1 l, 5 l, 5 r, 13, 36, 52), Karin Skogstad (5, S. 4 u, 11 o, 11 m, 11 u, 37 m) und der Autorin (44).

Alle Angaben in diesem Buch sind sorgfältig geprüft und geben den neuesten Wissensstand bei der Veröffentlichung wieder. Da sich das Wissen aber laufend weiterentwickelt und vergrößert, muß jeder Anwender selbst prüfen, ob die Angaben nicht durch neuere Erkenntnisse überholt sind. Dazu muß er zum Beispiel bei Behandlungsvorschlägen den Tierarzt konsultieren, Beipackzettel zu Medikamenten lesen, Gebrauchsanweisungen und die Gesetze befolgen.

Postfach 106011
D-70049 Stuttgart
TELEFON +49 (0)711-2191-0
FAX +49 (0)711-2191-422
WEB www.kosmos.de
E-MAIL info@kosmos.de

IMPRESSUM

Umschlaggestaltung von Atelier Reichert, Stuttgart, unter Verwendung von 3 Farbaufnahmen von Juniors Bildarchiv/Komikov (Vorderseite), der Autorin (Rückseite links) sowie Reinhard Tierfoto und einer Zeichnung von Gisela Dürr.

Mit 2 mehrt. Farbzeichnungen von Gisela Dürr und 90 Farbfotos.

Die Deutsche Bibliothek – CIP-Einheitsaufnahme

Harries, Brigitte:
Ein Welpe kommt ins Haus / Brigitte Harries. – Stuttgart : Franckh-Kosmos, 1995
ISBN 3-440-06949-4

ISBN 3-440-06949-4
Lektorat: Angela Wolf
Grundlayout: Atelier Reichert, Stuttgart
Gestaltung: Gisela Dürr, München
Satz: ad hoc! Typographie, Ostfildern
Printed in Italy/Imprimé en Italie
Druck und Buchbinder: Printer Trento S. r. l., Trento

Extra

DIE KÖRPERSPRACHE DES MENSCHEN

Riesig und bedrohlich wirkt so ein „senkrechter" Mensch auf den Welpen. Verharrt er auch noch regungslos in dieser Haltung, ist das für den Kleinen sehr unheimlich. Wenn zu der Imponierhaltung eine drohende Stimme kommt, traut sich mancher Welpe gar nicht mehr heran.

Kleiner und harmloser sieht der kauernde Mensch aus. Wenn er sich auch noch auffordernd auf den Oberschenkel klopft und freundlich ruft, macht das dem Welpen Mut, auf ihn zuzulaufen.

Alles, was wegrennt, lockt zur Verfolgung. Auslöser kann der Jagdtrieb, der Spieltrieb oder auch der Rudeltrieb sein. Wenn sein Mensch rennt, ist es für den Welpen ein Muß, hinterherzurennen.

Wenn der Mensch an der Leine zieht, vermittelt er seinem Welpen Sicherheit. Er signalisiert ihm: „Ich bin dicht bei dir! Zusammen sind wir stark!" Deshalb überschätzen sich Hunde an straffer Leine oft und treten bedrohlicher, angriffslustiger auf als ohne Leine.

Extra

TIERPASS FÜR UNSEREN HUND

Name: ______________________ Geschlecht: ______________________

Rasse: ______________________ Tätowierung: ______________________

geboren am: ______________________ gekauft am: ______________________

Impfungen: ______________________

____

____

Wurmkuren: ______________________

____

____

bisherige Erkrankungen: ______________________

____

____

Wichtige Anschriften

Züchter: ______________________

____

____

Tierarzt: ______________________

____

____

tierärztlicher Notdienst: ______________________

____